东北亚经济发展报告

(2021)

东北财经大学东北亚经济研究院　著

中国金融出版社

责任编辑：亓　霞
责任校对：潘　洁
责任印制：程　颖

图书在版编目（CIP）数据

东北亚经济发展报告 . 2021/东北财经大学东北亚经济研究院
著. —北京：中国金融出版社，2022. 10
ISBN 978 – 7 – 5220 – 1783 – 9

Ⅰ.①东… Ⅱ.①东… Ⅲ.①东北亚经济圈—区域经济合作—研究
报告—2021 Ⅳ. ①F114. 46

中国版本图书馆 CIP 数据核字（2022）第 188475 号

东北亚经济发展报告（2021）
DONGBEIYA JINGJI FAZHAN BAOGAO（2021）

出版
发行　**中国金融出版社**

社址　北京市丰台区益泽路 2 号
市场开发部　（010）66024766，63805472，63439533（传真）
网 上 书 店　www. cfph. cn
　　　　　　（010）66024766，63372837（传真）
读者服务部　（010）66070833，62568380
邮编　100071
经销　新华书店
印刷　河北松源印刷有限公司
尺寸　169 毫米 ×239 毫米
印张　14. 5
字数　168 千
版次　2022 年 10 月第 1 版
印次　2022 年 10 月第 1 次印刷
定价　60. 00 元
ISBN 978 – 7 – 5220 – 1783 – 9
如出现印装错误本社负责调换　联系电话（010）63263947

前　言

　　为深入贯彻落实习近平总书记关于东北振兴实现经济高质量发展的重要讲话精神，服务东北融入以国内大循环为主体、国内国际双循环相互促进的新发展格局，以高质量发展为"十四五"东北振兴开好局，东北财经大学东北亚经济研究院作为高端新型智库，撰写了《东北亚经济发展报告（2021）》。本系列报告从2018年开始组织撰写，本期报告是第3册。

　　相较前几期，本期报告在结构上有了一些变化，报告由主报告与专题报告两大部分组成。

　　主报告主要分析了东北亚区域及我国东北地区的经济形势及发展趋势，并提出相应的意见和主张。2021年，受新冠肺炎疫情反复的影响，东北亚经济呈现恢复性增长态势。东北三省位于东北亚区域核心地带，与东北亚各国交往密切。受疫情和自身转型动力不足的影响，2021年东北经济仍处于复苏阶段。未来打造东北经济振兴新引擎，有四个重要着力点：一是采取更加有力的改革措施，持续改善东北三省营商环境；二是应对好"双碳"战略目标，发挥产业特点和资源优势，加快补齐低碳发展短板，走好绿色低碳转型之路；三是通过制度改革激活土地资源优势，带动相关产业协同发展，充分挖掘土地要素支撑经济增长的潜能；四是抓住 RCEP 机遇，依托东北亚经济圈区位优势，实现更高水平的对外开放与合作。

专题报告对东北亚区域经济发展中的重点前沿问题进行了专项课题研究，是东北财经大学东北亚经济研究院 2020—2021 年度攻关项目和重点课题的最终成果。

专题报告一是对"沈长哈大"重点城市协同发展的研究。东北振兴过程中，中心城市振兴是重中之重，要率先垂范，但仅依靠中心城市独立发展，难以集聚振兴的足够动力。在打造以内循环为主的战略格局下，实现东北城市群的建设是重要突破口。"沈长哈大"作为东北地区的四大核心城市，协同发展、同向发力，对推进东北老工业基地全面振兴、全方位振兴取得新突破具有现实意义和长远的战略意义。"沈长哈大"区域经济协同发展要从建立新机制开始，以产业和市场协同发展为先导，然后延伸到金融、科研、基础设施、生态、东北亚经济合作等重点领域，逐步形成区域经济全面协同发展新局面。

专题报告二是东北地区网状北水南调战略研究。水资源是人类一切生活和生产活动的基础。近年来，随着经济社会的发展，东北地区对水资源的需求不断增加，东北地区水资源时空错配的情况愈加明显。具体而言，相对于其他地区，尽管东北地区水资源储量较为丰富，但季节调配上，受气候影响丰歉不调，而在空间配置上，发展速度较快、人口集聚、工农业发达的地区，水资源需求量大，但缺乏有效供给。通过与相关领域专家沟通、实地调研、资料收集及各类方案对比，研究认为"十四五"时期东北地区亟须推进网状北水南调的调水工程战略。

专题报告三是对东北三省土地政策及改革试验区建设的研究。东北三省人口自然增长率已然为负，劳动力外流势头短期内难以遏制，未来劳动对于经济增长的贡献将为负值，资本与技术的贡献小于土地，土地是未来东北经济振兴的首要动力。报告建议设立东北三省土地改革试验区，实行大力度的改革试点，尽快纠正土地的市场体制性偏差，将农民的土地产权真正"做实"，实现建设用地、补充耕地指标、农村集体经营性建设用地及耕地和农村宅基地的流转范围扩大到全国大市场；将土地改革与东北农业工业化、现代化充分结合起来，真正实现土地要素的市场化配置；加快推进未利用土地开发利用和土地产权改革，以地吸引人，以地养人等。

报告由东北财经大学东北亚经济研究院王洪章、周天勇、杨成义及施锦芳等集体讨论，由课题组集体完成。主报告负责人为周天勇，执笔人为刘雯、夏睿瞳；专题报告一是东北财经大学东北亚经济研究院2020—2021年度重点课题"'沈长哈大'协同发展　构建东北区域协调发展新格局"的最终成果，课题负责人为王洪章，执笔人为刘雯；专题报告二是东北财经大学东北亚经济研究院2020—2021年度攻关项目"东北地区网状北水南调战略研究"的最终成果，课题负责人为周天勇，执笔人为侯启缘；专题报告三是东北财经大学东北亚经济研究院2020—2021年度攻关项目"东北振兴——东北土地政策研究及改革试验区建设"的最终成果，课题负责人为刘随臣，执笔人为刘正山。本期报告所使用数据截至2021年底，数据来源为公开数据库收集。

未来，在编委会领导的规划和各位委员的协作下，东北财经大学东北亚经济研究院将不忘初心、牢记使命，继续深入、完善学术与政策研究，努力向政府、社会和学界提交更多优质研究成果，为促进东北亚区域经济合作发展、助力东北全面全方位振兴贡献力量。

由于编者水平有限，书中难免存在不足和不当之处，恳请各位读者不吝赐教、斧正。

编者

2022 年 10 月

目　录

主报告

2021 年东北亚经济发展报告

专题一

"沈长哈大"协同发展　构建东北区域协调发展新格局

专题二

东北地区网状北水南调战略研究

专题三

东北振兴——东北三省土地政策研究及改革试验区建设

主 报 告

2021 年东北亚经济发展报告

摘　要

　　2021年，受新冠肺炎疫情反复的影响，东北亚经济呈现恢复性增长态势。整体而言，外需有所恢复，成为支撑东北亚经济复苏的重要力量。分国家看，东北亚区域内各国经济复苏程度差距较大。从具体经济指标来看，各国均面临GDP增长放缓的压力；"三驾马车"中，消费成为大部分东北亚国家经济增长的主要动力，投资普遍成为拖累项，进出口贸易实现了不同程度的修复；就业市场尚未全面复苏；通胀压力普遍较大。

　　东北三省位于东北亚区域核心地带，与东北亚各国交往密切。受新冠肺炎疫情和自身转型动力不足的影响，2021年东北经济仍处于复苏阶段。2021年前三个季度，东北三省地区生产总值累计同比增速均低于全国平均水平，且呈逐季下降趋势，工业增加值表现尤为疲弱；居民收入仍处于较低的水平；地区通货膨胀压力较大；贸易结构不平衡问题较为严重。相对而言，东北三省的投资表现比较亮眼，内需情况也有所改善，消费拉动经济的作用正逐渐增强。

　　展望未来，东北地区经济发展将迎来一些新的重大机遇和挑战。打造东北经济振兴新引擎，有四个方面的重要着力点：一是采取更加有力的改革措施，持续改善东北三省营商环境；二是应对好"双碳"战略目标，发挥产业特点和资源优势，加快补齐低碳发展短板，走好绿色低碳转型之路；三是通过制度改革激活土地资源优势，带动相关产业协同发展，充分挖掘土地要素支撑经济增长的潜能；四是抓住区域全面经济伙伴关系（RCEP）机遇，依托东北亚经济圈区位优势，实现更高水平的对外开放与合作。

2021 年，全球新冠肺炎疫情有所反复，中国已进入后疫情时代。全球经济复苏态势持续，推动各国合作共赢至关重要。东北亚区域合作历经 20 多年，对于推动东北振兴、打造我国对外开放新前沿具有重要战略意义。伴随着 RCEP 协议的正式签署，东北亚区域合作迎来新机遇。但后疫情时代，东北亚各国经济复苏也充满挑战。我国站在第二个百年奋斗目标的新起点上，党的十九届六中全会提出进一步贯彻新发展理念，构建新发展格局，加速推动经济高质量发展，实现新旧动能转换。在此背景下，东北也要发挥区位和资源优势，打造经济高质量发展新引擎，以更好的姿态融入东北亚区域合作，开启东北振兴新征程。

一、东北亚经济发展的新变化

（一）全球新一轮新冠肺炎疫情反复

德尔塔变异毒株冲击下，除中国外，其他东北亚国家受新冠肺炎疫情反复的影响较为严重。2021 年 6 月以来，全球新冠肺炎新增确诊再次抬头。图 1 数据显示，与前几轮新冠肺炎疫情不同的是，东北亚国家在前期遭受新冠肺炎疫情冲击较轻，2021 年大部分东北亚国家新增确诊病例数超前期高点。从单日新增确诊病例、现有确诊数和发病率来看，2021 年 12 月 31 日，中国当日新增 231 例、俄罗斯 20638 例、日本 490 例、韩国 4415 例、蒙古国 593 例，俄罗斯和韩国此轮德尔塔变异毒株尚未得到有效控制，新增病例仍处在高位区间，俄罗斯累计新冠肺炎确诊病例超过 1000 万例；韩国 12 月中旬报告新增新冠肺炎确诊病例 7843 例，单日新增确诊病例再次刷新最高纪录。中国、日本和蒙古国的疫情整体控制较好，有降退趋势。从病死率和治愈率来看，新一轮新冠肺炎疫情的病死率较低，治愈率较高，说明新一轮疫情的危害程度有所减轻。从疫苗接种完成比例来看（见表 1），截至 2021 年 12 月 31 日，中国、日本和韩国的新冠肺炎疫苗接种完成比例较高，均超过 80%；俄罗斯的接种比例最低，不足 50%，这可能也是俄罗斯感染人数最多的重要原因。新冠肺炎疫情给东北亚国家在内的世界各国带来严峻的挑战，需要各国团结互助、合作抗疫，战胜这场全球性的公共卫生危机。对于东北亚各国来说，在共享新冠肺炎疫情信息、防控措施、出入境人员管理等方面加强合作，无疑将为各国战胜疫情、促进发展持续注入新活力。

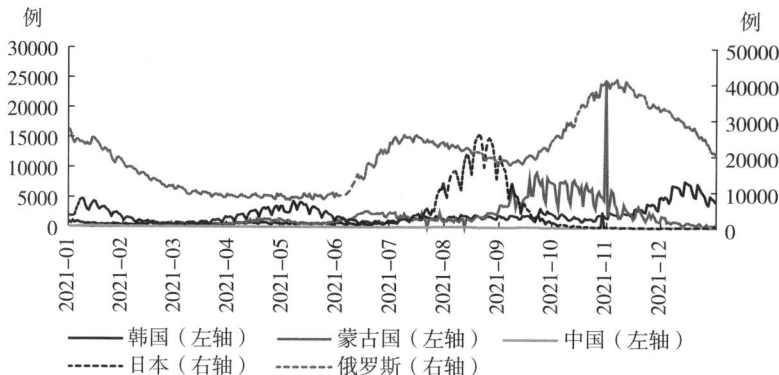

注：朝鲜数据缺失，下同。

图1 东北亚国家新冠肺炎疫情发展态势

（资料来源：Wind）

表1 东北亚国家新冠肺炎疫情现状

国别	现有确诊/例	发病率/‰	病死率/%	治愈率/%	疫苗接种比例/%
中国	2886	0.72	4.53	92.65	84.69
俄罗斯	727203	730.38	2.94	90.13	46.22
日本	3174	137.73	1.06	98.76	80
韩国	111719	122.05	0.89	81.53	82.3
蒙古国	377379	2096.44	0.29	45.23	64.63

资料来源：Wind。

为应对新冠肺炎疫情对经济的冲击，我国与东北亚区域内国家做了多样化尝试（如增加基础设施投资、签署自由贸易协定等），积极推进东北亚国家间合作，加快促进经济增长恢复。但是由于本轮新冠肺炎疫情涉及众多国家，防控难度和复杂度较大，疫情仍将成为拖累新兴经济体经济增长的重要因素。疫情影响了国家间产业链供应、旅游、海外投资等对外经济交往，各国要将非传统安全（生物安全）纳入各国安全风险防控和治理体系内，因此生产力恢复可能尚需一段时间。

展望未来，东北亚地区的基础设施投资可能是加速经济恢复的方向。作为发达国家的日本和韩国可以考虑向东北亚其他国家投资基础设施，我国也可以加强与俄罗斯、蒙古国边境基础设施投资建设和搭建第三方市场投资平台，建设有防疫工作安全保障的物流通道。

（二）外部需求有所恢复，共建东北亚经济走廊是未来机遇

2021 年，东北亚国家整体的外需有所恢复，成为支撑经济复苏的重要力量。未来，东北亚国家要利用外需强劲复苏的机遇，加强区域合作，降低内部风险，拓展南南合作、减轻对欧美市场的依赖度，稳步推进以中国、日本、韩国和东盟为核心的亚洲经济一体化。2021 年，东北亚区域进出口贸易总额为 93430.13 亿美元，同比增长 24.7%，其中出口贸易额为 51469.82 亿美元，进口贸易额为 41959.81 亿美元。我国在"硬"的方面，可以通过与东北亚其他国家共建一条由俄罗斯远东地区南下，横贯黑龙江、吉林和辽宁三省，向南经朝鲜半岛通往日本，向西对接中国、俄罗斯和蒙古国经济走廊的东北亚经济走廊，打造联通区域内各国的纽带；在"软"的方面，可以利用"一带一路"向东北亚转向的时机，运用在亚洲基础设施投资银行等多边机制的运作经验，减少东北亚其他国家的疑虑，建立包容性新机制。在此基础上，通过发挥特定议题（如重启朝核六方会谈、推进中日韩FTA 的机制化建设等）的示范效应强化区域合作制度建设。通过

"软硬兼施"，对接各国不同发展战略，建立区域合作新战略，联通交通物流，畅通贸易往来，融通多边资金，加强各国民间交流，为外需注力，带动各国疫情后的经济复苏。

（三）经济有所恢复、程度不一

2021 年，东北亚国家整体经济增速逐季降低，全年为6.39%；分国家看，区域内各国的经济复苏程度差距较大。第一季度，东北亚地区 GDP 增速为 11.94%，表现强于预期，反映出经济活动逐渐适应新冠肺炎疫情和相关管控措施，并且许多国家的政策支持被证明有效。然而，由于东北亚国家的感染病例增多及供应中断，第二季度增长势头有所减弱，GDP 增速为 7.78%，增长动力减弱主要源自投资的大幅减少。第三季度 GDP 同比增长4.07%，东北亚受新冠肺炎疫情和高企通胀的制约，均面临经济下行压力。第四季度中国、日本和蒙古国经济增速继续下滑，韩国和俄罗斯有所恢复，东北亚整体 GDP 同比增长 3.41%。在东北亚地区内部，经济增速依旧呈现分化态势。据 IMF 2022 年 7 月发布的《世界经济展望》预测数据，2022 年中国实际 GDP 增长率为 3.3%、俄罗斯为 -6.0%、日本为 1.7%、韩国为 2.3%、蒙古国为 2.0%、朝鲜为 2.5%。发展中国家中只有中国高于亚洲新兴经济体平均增速；发达国家中韩国经济韧性较大，超过亚洲发达经济体平均增速，日本经济增长动力不足。新冠肺炎疫情复发使获得疫苗仍然是东北亚经济体复苏中出现分层线的主要因素，对于疫苗接种程度高的地区，经济恢复的速度可能更快，但是如果未来政府对疫苗推进的坚决性减弱（而非疫苗供应不足），可能制约经济增长。相比之下，疫苗接种速度慢的国家受制于疫苗的供应和分配，进而影响到供给端和出口，经济恢复速度较慢。

二、东北亚各国经济形势

（一）后疫情时代，各国均面临 GDP 增长放缓压力

中国 GDP 增速最快，但经济增长动能趋缓。2021 年中国 GDP 总量为 1095771.20 亿元人民币（约合 169887 亿美元），GDP 增长率为 8.1%。从需求端看，消费、投资和净出口对 GDP 拉动分别为 5.3%、1.11% 和 1.69%，消费是拉动 GDP 的主要动力，公共投资超预期成为拖累项。从产业端看，第一、第二、第三产业对 GDP 拉动分别为 0.54%、3.11% 和 4.45%，第三产业是拉动 GDP 主要动力。2021 年，在疫情、汛情有效控制和多种跨周期宏观政策调节下，中国经济总体上保持恢复态势，经济增速和失业率保持在合理区间；国际收支有所改善，进出口总额再创历史新高；经济转型升级有所加速，以绿色、智能、数字和服务为代表的高技术和新兴产业投资保持较快增长，传统基建和地产投资增速回落。但下半年以来，受国内外多重外生的、周期的、体制的和政策的因素叠加影响，经济恢复势头放缓，经济恢复不稳固特征突出。2022 年，受国内疫情、国外地缘政治冲突和全球货币政策加息潮等因素影响，中国经济运行急速探底。但是，2022 年是新一轮改革元年，随着中国共产党的二十大召开、地方政府全面换届、"十四五"规划和国家重大战略的全面落实与推进，预期中国经济将进入破旧立新、高质量发展的新阶段。在逆周期和跨周期政策综合调节下，中国需求将得到渐次修复，尤其是投

资需求对经济增长的贡献将显著提升；消费总体上修复方向不改，但幅度有限；出口增速可能高位回落，增长动能进一步向内需、新产业切换。

俄罗斯经济恢复程度较快，但净出口是拖累项。2021年俄罗斯GDP总量为1310150亿卢布（约合17758亿美元），GDP增长率为4.7%。从需求端看，消费、投资和净出口对GDP拉动分别为5.25%、1.45%和–2.74%，消费是拉动GDP的主要动力，即使在石油等全球大宗商品价格上涨的大环境下，净出口仍成为拖累项。2021年以来，俄罗斯通过优化宏观经济政策调整、提高居民收入和就业率及大力发展高新技术产业等措施，加快推进经济复苏进程。2021年俄罗斯经济实现自2008年以来最快增长，主要受国内需求加强和能源价格上涨的推动。风险方面，俄罗斯疫苗接种意愿不强导致接种率远低于平均水平，这将成为经济发展的障碍。地缘政治紧张局势的升级（包括美国的进一步制裁）及政策利率从历史低点上调，也给经济增长前景带来了压力。

日本经济增长乏力，主要受疫情影响叠加消费长期疲软。2021年日本GDP总量为542.29万亿日元（约合4.94万亿美元），GDP增长率为1.7%。从需求端看，私人消费、政府消费、投资和净出口对GDP拉动分别为0.8%、0.4%、–0.4%和1%，消费和出口是拉动GDP的主要动力，投资作用较小。受新冠肺炎疫情复苏的定向封锁措施的拖累，日本经济在2021年初继续收缩，随着新冠肺炎病例数量的大幅减少，封锁措施放松，财政支持越来越多地作用于国内活动，第二季度经济活动有所恢复，国内经济活动日益强劲，同时外部需求也逐步增强。2021年东京奥运会在没有外国观众的情况下举行，限制了其经济效益。受国际大宗商品价格持续上涨、全球供应链紧张、新冠肺炎疫情、日元贬值等因素的影响，预计 2023 年日本经济仍将面临较大增长压力，全年增速仍为 1.7% 左右。

　　韩国经济增速适中，"三驾马车"的拉动力均较年初减弱。2021 年韩国 GDP 总量为 2057.45 万亿韩元（约合 1.79 万亿美元），GDP 增长率为 4.1%。韩国 GDP 首次突破 2000 万亿韩元大关，创本国 GDP 历史新高，恢复至疫情前水平。从需求端看，出口和消费是拉动 GDP 的主要动力，投资作用较弱。第三季度疫情再次暴发，消费速度罕见放缓，但由于政府支持计划、扩大疫苗接种和消费者信心恢复，私人消费同比仍增长 3.6%。固定投资（固定资本总额）同比增长 2.6%，设施投资持续上升，但建筑投资有所下降。商品和服务的实际出口比上年增长 9.9%，以商品为主。在全球经济复苏和 IT 需求稳定的推动下，大多数项目和地区的货物出口大幅增长。随着全球货运量的增长，运输服务的强劲出口也促进了服务出口的增长。在强劲的出口支持下，制造业的生产得以增长。由于隔离措施的缓解，服务业的生产呈现复苏趋势，尤其是面对面的服务，而建筑业的生产自 2018 年以来一直持续保持下降趋势。考虑到投资缩减、私人消费反弹、出口放缓，2023 年预计 GDP 增长 2.3%。

　　蒙古国新冠肺炎经济韧性差，经济受新冠肺炎疫情冲击最大。2021 年，蒙古国 GDP 总量为 43 万亿图格里克（约合 151 亿美元），GDP 增长率为 1.4%。新冠肺炎疫情是主要拖累经济增长的原因，但是疫情可能是短期因素，长期来看，蒙古国经济面临的风险点主要有：一是大宗商品价格下跌。蒙古国作为大宗商品出口国，大宗商品价格如果走低不仅会减少蒙古国出口收入，还可能导致大量资本外流，给汇率带来下行压力。此外，与大宗商品有关的收入的崩溃将进一步削弱蒙古国的财政状况，限制政府利用更多的财政刺激措施来应对疫情和支持国内需求的能力。二是美国货币政策趋紧。蒙古国金融市场化程度高、外债多、经常账户赤字大、外部融资需求强。美国的货币紧缩政策可能导致蒙古货币贬值，随后是国内货币紧缩、资本外流，该地区最脆弱的经济主体可能出现金融动荡。

朝鲜经济负增长，短期或难走出衰退困境。2021年，朝鲜GDP总量为31.41万亿朝鲜圆（约合314亿美元），GDP增长率为−0.06%。2021年是过去十年中朝鲜经济最不稳定的年份之一，但勉强度过并避免了一场全面灾难，相当一部分人口面临着粮食短缺的困境。朝鲜由于新冠肺炎疫情封锁边境，导致需要依赖进口的农业设备和化肥等关键投入品进口困难，因此社会面临食品价格上涨和消费品短缺的风险。朝鲜政府称另一场"艰难的行军"可能正在进行，粮食和工业投入短缺叠加严格的国际制裁，预期2022年的经济状况不会发生重大变化，经济衰退可能会持续。

总体而言，2021年东北亚地区大部分国家都依靠消费带动地区经济增长，而投资成了所有东北亚国家经济增长拖累项。预期未来，东北亚国家消费将继续增加。决定消费水平高低的关键因素是收入水平高低，东北亚区域GDP约占全球的1/4，区域内经济体量巨大，消费有较大增长空间；并且区域总人口约占1/5，说明区域内消费主体数量庞大。

投资项预期也将走强。东北亚各国在做好自身新冠肺炎疫情防控的基础上，可以从新结构经济学的角度来进行新一轮有效投资。东北亚区域内国家之间有技术水平差距，形成了两两技术水平存在一定相对距离的矩阵，从而可以使发达国家日本和韩国对中等收入国家中国和俄罗斯在技术方面进行有效投资，由此将投资转化为供给，进而转化为盈利。只有这样的有效投资选择发展或进入的产业才能符合当地的比较优势，从而形成竞争优势。在新冠肺炎疫情下，东北亚各国一方面可以利用比较优势，另一方面可以利用与其他发达国家的产业技术差距来降低技术创新和产业升级的成本与风险，预期未来投资活动将增多。

（二）就业市场均尚未全面复苏

受政策调控影响，中国就业市场低迷。2021 年，中国城镇新增就业人数累计值为 1269 万人，累计同比增加 7%；城镇登记失业率为 3.96%，同比减少 5.71%。在新冠肺炎疫情持续影响及房地产紧缩、"双减"政策等行业政策影响下，居民就业受到较大冲击，尤其是青年群体就业压力增大，16～24 岁人口失业率（19.9%）仍显著高于疫情前水平（约 10%）。失业率回落至疫情前水平，小微企业及"蓝领"等抗风险能力较差的群体需要给予更多扶持，受到经济周期和监管影响的行业，如房地产、教育培训等行业的就业状况也需要引起关注。

俄罗斯就业市场逐步恢复，失业率大幅下降。2021 年，俄罗斯的就业人口为 71.6 百万人，同比增长 16.14%；失业率为 4.8%，同比减少 17.24%；月均工资为 54438 卢布（折合 737.31 美元），同比增长 6.7%。俄罗斯劳动力市场正逐渐复苏，总体上走出了新冠肺炎疫情的消极影响。俄罗斯国内的失业率已降至新冠肺炎疫情期间的最低水平。为缓解新冠肺炎疫情带来的劳动力市场萎缩和失业率问题，俄罗斯加大了对公民创业和中小企业发展的扶持力度，积极稳固和扩大就业岗位。2022 年 3 月，俄罗斯政府宣布有关保就业促经济的一揽子措施，俄罗斯政府为首个就业支持计划拨款约 400 亿卢布，用于为可能被解雇的公民创造临时岗位、工业企业员工接受职业培训、非营利机构组织教育课程等方面，政策目标是将就业率稳定在不低于85%的水平。

日本就业市场缺乏活力，就业人员和工资长期低增长。2021年，日本劳动力人数总计6907万人，同比增长0.07%；失业率为2.8%，与上年持平；月均工资319250日元（约合2908美元），同比增长0.28%。日本劳动力市场活力缺乏，因新冠肺炎疫情而低迷的日本劳动力资源并未恢复，虽然失业率维持不变，但就业人数和工资增速较慢，并且人均劳动时间复苏缓慢。这反映出餐饮店等受到防疫行动限制措施影响的行业无法保持从前的营业状态。如果不提高生产效率，使劳动力通过重新学习转移到增长领域，家庭收入就会增长乏力，经济下行压力较大的状态可能会持续下去。

韩国就业市场呈现复苏态势，但服务业就业仍受疫情拖累。2021年，韩国就业人数为27273千人，同比增长1.37%；失业率为3.7%，同比下降7.5%。韩国就业市场呈现出向好态势（已恢复至新冠肺炎疫情暴发前的2020年2月最高点的99%），保持了一定的韧性，但需要"面对面接触"行业（餐饮、住宿、零售等）仍然受到较大冲击。韩国总体就业条件迅速改善，随着国家逐渐从新冠肺炎疫情的冲击中恢复，就业人数激增36.9万人。分行业看，服务业就业人数增加最多，而受新冠肺炎疫情影响最直接的面对面行业就业人数增长缓慢。尽管国内经济和外部条件有所改善，但受全球供应链中断的影响，制造业就业人数略有下降，而建筑业就业人数有所增加。工资方面，工资反弹增长，名义工资增长率为4.6%，在2020年从缓慢状态（1.1%）恢复后反弹至新冠肺炎疫情之前的水平（2018年至2019年平均为4.4%）。从就业状况来看，受经济复苏和公司业绩改善的推动，由于特别付款大幅增加，正规工人的工资大幅增长。由于受流感影响而失业的低工资工人人数再次增加，临时工和日工的工资增长放缓。

蒙古国劳动力市场长期缺乏中高端人才。2021 年，蒙古国就业率为 52.4%，同比下降 4.03%；失业率为 8.2%，同比上升 17.14%；月均工资 1279.4 千图格里克（折合 449.07 美元），同比增长 4.82%。蒙古国普通劳动力供给勉强满足人才市场需求，但是技术密集型行业，特别是高新技术领域的人力市场上人才缺口较大。新一轮新冠肺炎疫情对蒙古国冲击非常大，导致失业率持续居高不下。加之受近年蒙古国经济下滑的影响及大量外资企业的撤资，采矿业相关行业的失业人数明显增加。

（三）各国进出口贸易实现了不同程度修复

中国对外贸易逆势增长。2021 年，中国进出口贸易总额为 60502 亿美元，同比增长 29.95%；其中出口金额 33631 亿美元，同比增长 29.85%；进口金额 26872 亿美元，同比增长 30.07%，贸易顺差 6759 亿美元，同比增长 28.99%。实际利用外资金额 1735 亿美元，同比增长 20.2%。全年对外直接投资 1451.9 亿美元，同比增长 9.2%。无论是出口还是进口，中国的恢复速度都比大多数国家更快，恢复程度也更大。9 月出口总额是中国加入世界贸易组织以来首次单月出口额超过 3000 亿美元。第三季度以来出口增长持续好于预期，究其原因主要得益于出口产品价格上升、机电和防疫产品出口量增加。机电产品作为最大中间品出口品类，占出口总额的比重为 43.1%，同比增长 25.6%。进口方面，自新冠肺炎疫情以来中国的进口值就未出现过大幅减少，可能是国内投资支撑了对原材料的需求。中国基础设施项目的投资支出增加，以及政府决定补充战略库存，致使下半年铜和铁矿石等工业金属的进口需求增加。向后看，出口企业将面临全球海外需求减弱、成本上升挤压企业利润空间、国际物流瓶颈影响短期难以消除、供应链安全自主考虑下产业外迁趋势难以扭转等方面挑战，出口面临回调压力。

俄罗斯对外贸易快速恢复，中国是最大贸易伙伴。2021年，俄罗斯进出口贸易总额为7894亿美元，同比增长39.49%；其中出口金额为4996亿美元，同比增长48.19%；进口金额为2938亿美元，同比增长26.83%，贸易顺差为2057亿美元，同比增长95.13%。中国是俄罗斯重要贸易伙伴，2021年中俄进出口贸易占俄罗斯进出口贸易总额29.4%。近年来，中俄贸易的特点是规模不断壮大、层级不断提升、贸易稳步发展，2021年中俄贸易规模创历史新高。下一步，中方将与俄方继续密切协作，全力落实两国元首重要共识，巩固贸易增长势头，打造数字经济、科技创新、生物医药、绿色低碳等新的增长点，提升产业链供应链稳定性，推动中俄经贸合作规模和质量"双提升"。

日本对外贸易弱恢复，中国和日本未来合作空间广阔。2021年，日本进出口贸易总额为1678521亿日元（约合15293亿美元），同比增长23.05%；其中出口金额830914亿日元（约合7571亿美元），同比增长21.5%；进口金额847607亿日元，（约合7723亿美元），同比增长24.6%；贸易差额由去年顺差3883亿日元（约合36亿美元），转为逆差16694亿日元（152亿美元）。中日对外贸易额占日本进出口贸易总额的24.29%。日本对中国半导体零部件及制造装置出口大幅增长，同时，日本对中国汽车出口也保持坚挺。由于日本从中国进口也保持稳定增长，中日贸易形成逆差。中国和日本在全球产业链供应链和贸易结构方面有较强的互补性。中国经济快速复苏，市场的旺盛需求超出日本企业预期，给日本制造业企业带来利好。佳能公司、安川电机公司、村田制作所和电子零部件生产商 TDK 公司等接连上调业绩预期。未来，中国和日本将在汽车及零部件制造、半导体、精密仪器及自动化、智能化等领域合作开拓更广阔空间。

韩国依赖 ICT 产业实现外贸恢复。2021 年，韩国进出口总额为 12595.5 亿美元，同比增长 28.5%；其中出口金额 6444 亿美元，同比增长 25.7%；进口金额 6150.5 亿美元，同比增长 31.5%，贸易顺差 293 亿美元，同比减少 34.68%。根据韩国贸易、工业和能源部的数据，2021 年韩国 ICT 出口同比增长 24%，创历史纪录，达 2276 亿美元。韩国 ICT 产业出口在近一年半的时间保持持续增长，并且屡创新高。在出口的 ICT 产品中，内存产品比重最大，这反映了韩国在内存行业的领先地位，以存储产品为主的韩国三星在 2021 年第一季度已经超越因特尔成为全球最大的半导体供应商，而海力士也在寻求对因特尔存储业务的收购。在非 IT 部门，由于海外进口增加和原材料价格上涨，化工产品、石油产品和钢铁出口大幅增长。汽车出口也有所增加，以新能源汽车为主。

蒙古国对外贸易以资源型产业为主。2021 年，蒙古国进出口贸易总额为 161 亿美元，同比增长 25%；其中出口金额为 92 亿美元，同比增长 22%；进口金额为 689 亿美元，同比增长 29%。贸易顺差为 24 亿美元，同比增长 5.32%。中蒙对外贸易额占蒙古国进出口贸易总额的 56.6%。蒙古国拥有丰富的矿产资源，铜、煤炭、金、稀土、铀等矿业资源总计价值高达 2.75 万亿美元。2020 年蒙古国发布的数据显示，该国矿业创造的经济价值占整体 GDP 的 1/4 左右，而矿业出口收入约占该国政府收入的

26%。蒙古国中央银行行长表示，蒙古国每年出口贸易中矿产占据了主导地位，其中煤炭出口额占矿产总出口额的40%左右，2021年蒙古国出口了1594.17万吨煤炭，居于全球前十，2022年该国计划出口至少3600万吨煤炭。

朝鲜因新冠肺炎疫情防控对外贸易额大幅缩小。2021年，朝鲜进出口贸易总额为7.1亿美元，同比减少17.4%；其中出口金额为0.8亿美元，同比减少11.1%；进口金额为6.3亿美元，同比减少18.2%。贸易逆差为5.5亿美元。朝鲜出口品最多、占比最大的是钢铁；进口品最多是矿物性燃料和矿物油。对华贸易在朝鲜对外贸易中占比最大，达44.8%。

（四）各国均面临较大通胀压力，PPI上行幅度更大

中国CPI温和上涨，PPI急速上涨，二者"剪刀差"持续扩大。2021年，中国CPI同比上涨0.9%，PPI同比上涨8.1%，全年CPI和PPI"剪刀差"不断扩大。CPI保持温和变化，PPI受原材料价格推动不断创历史新高。受猪肉蔬菜等食品类消费品下跌压制食品项价格、服务消费价格低迷、PPI向CPI传导有限等因素影响，中国CPI维持低位运行，中枢低于1%。由大宗商品价格上涨推动，且涨价压力沿产业链向下游行业化肥、铜、锂等领域传导蔓延，PPI持续攀高，中枢上升超过10%。向后看，CPI方面，2022年CPI上行动力主要来自猪价、农产品和上游产品价格向下游传导。能繁母猪存栏领先指标显示，新一轮猪肉价格上涨在2022年中期启动；受拉尼娜极端天气影响，国际大宗农产品价格涨价压力上升。受全球经济放缓及"OPEC＋计划"2022年第三季度退出减产协议，原油供需偏紧格局有所缓和，油价呈现

前高后低走势。综合来看，由于猪肉和原油周期错位，叠加疫情影响下服务消费恢复偏弱，CPI 价格将温和上行，节奏上前低后高。PPI 方面，伴随流动性收紧带来国际大宗商品价格回落，国内保供稳价政策下大宗商品供需关系改善、价格向合理水平回归，预计 PPI 整体上将趋于回落，趋势上前高后低，但 PPI 回落调整速度会较慢。主要原因是，在全球碳达峰碳中和政策、新一轮基建投资驱动下，原油及上游大宗商品的供给总体偏紧，价格仍会高企。

俄罗斯 CPI 和 PPI 均位于历史高位。2021 年俄罗斯 CPI 为 6.68%，PPI 为 28.5%，CPI 和 PPI 均在高位，CPI 和 PPI "剪刀差"保持较大缺口。俄罗斯面临的通胀问题非常严重，为应对通胀问题，俄罗斯中央银行采取了比美国及其他国家更强硬的立场，连续加息 6 次，将年利率提升至 7.5%。除了通过加息抑制通胀，俄罗斯应对全球大宗商品价格飙升的对策还有征收关税、限制出口和价格控制等。俄罗斯中央银行认为通胀可能成为长期现象，中央银行可能会维持强硬的货币政策立场，因此除加息外，俄罗斯货币供应量增速持续下降。

日本 CPI 低位徘徊，PPI 较高。2021 日本 CPI 为 -0.23%，PPI 为 4.61%，CPI 在低位，PPI 较高，CPI 和 PPI "剪刀差"小幅扩大。日本的通胀水平相较于全球而言并不高，但是与其自身比较，近期上涨速度较快。全球通货膨胀已经蔓延至日本，日本 9 月的 CPI 取得 13 个月来首次上涨，结束了该国自 2011 年起至今的史上最长通货紧缩期。在日本的能源结构中，石油、煤炭等化石能源的占比高达 85%，且基本依赖进口。随着国际油价不断攀升，日本燃料价格也在不断上涨。如果原材料成本加速上涨，公司的利润将会受到挤压，对日本经济造成冲击。国内消费不足、投资市场狭窄、劳动生产率下降，使宽松货币政策放出的资金大部分会转化为储蓄。因此，即使通胀压力出现，日本政府也没有利用增加货币供应量的手段，而是针对具体问题，采取有针对性的措施。例如，2021年下半年国际油价飙升，日本政府认为首要任务是向石油输出国提出交涉，敦促其增加石油产量。

韩国CPI平稳运行，PPI较高。2021年，韩国CPI为2.5%，PPI为7.4%，和东北亚其他国家一样，也是存在CPI和PPI"剪刀差"，并且呈扩大趋势。韩国也面临历史罕见的通胀压力，价格上涨源自供需两方压力，石油价格和农牧产品价格带动供给成本上涨，经济复苏需求扩张推动价格上涨。在此背景下，韩国8月宣布加息，成为首个加息的发达国家，但是鉴于经济复苏压力大，后续韩国中央银行又下调利率，维持宽松货币政策。但是，考虑到能源危机给通胀带来的压力持续增加，韩国政府暂时将燃油税创纪录地削减20%，以缓解油价飙升带来的通胀上行压力，并从11月开始下调汽油、柴油、液化石油气的税率，为期6个月。从货币供应量来看，韩国的货币政策在东北亚国家中最为宽松，由此也带来了家庭债务飙升、房价飙升、资产泡沫等一系列问题。

蒙古国通胀问题严重，经济呈现滞胀格局。2021年蒙古国CPI为7.1%。蒙古国也面临和其他国家一样较为严重的通胀问题，同时蒙古国的货币供应量增速非常高，显示货币政策较宽松。尽管通胀问题已经很严重，但蒙古国政府更加关注的仍是经济复苏，因此在其《2022年国家货币政策方针草案》中仍预计2022年第四季度的平均通货膨胀率为6.9%，将继续奉行中期货币政策，让通货膨胀率稳定在6%±2%的较高水平。

三、中国东北经济形势

中国东北位于东北亚区域的核心位置，与东北亚各国的交往密切，李克强总理在视察东北时曾指出，东北要打造重点面向东北亚的开放合作高地。2021 年中国东北的经济形势和东北亚其他国家相似，受新冠肺炎疫情和经济自身转型动力不足的影响，经济仍处于复苏阶段，面临的困难还很多。

（一）工业拖累地区生产总值增速，投资逆势增长

2021 年，东北三省地区生产总值累计值为 5.57 万亿元，占全国 4.9%，其中，辽宁为 27584.1 亿元，吉林为 13235.52 亿元，黑龙江为 14879.2 亿元。辽宁地区生产总值同比增长 5.8%（低于全国 2.3 个百分点），第一、第二、第三产业累计值分别为 2461.8 亿元、10875.2 亿元和 14247.1 亿元，分别同比增长 5.3%、4.2% 和 7%。吉林地区生产总值同比增长 6.6%（低于全国 1.5 个百分点），第一、第二、第三产业累计值分别为 1553.84 亿元、4768.28 亿元和 6913.40 亿元，分别同比增长 6.4%、5.0% 和 7.8%。黑龙江地区生产总值同比增长 6.1%（低于全国 2 个百分点），第一、第二、第三产业累计值分别为 3463.0 亿元、3975.3 亿元和 7440.9 亿元，分别同比增长 6.6%、5.0% 和 6.3%。

东北三省经济发展形势严峻，三省的地区生产总值增速均呈现逐季度下降的趋势，造成东北三省与全国拉开经济差距的一个

主要原因是工业拖累了经济增长。辽宁、吉林和黑龙江规模以上工业增加值同比增速分别为 4.6%、4.6% 和 7.3%，全国平均增速为 9.6%。可见，东北三省增速均与全国平均水平具有较大差距。

东北三省的投资表现亮眼。辽宁、吉林和黑龙江的固定资产投资增速分比为 2.6%、11.0% 和 6.4%，除辽宁省外，其余两省高出全国增速（4.9%），尤其是吉林省增速远远高出全国平均水平，位于全国第四（前三位分别是湖北、新疆和甘肃，这些区域的高增速主要源于上年的低基数影响）。以前"投资不过山海关"，但在 2021 年经济形势较为紧张的背景下，东北三省的投资却发生积极变化。近年来，华为、阿里巴巴等巨头企业跨越山海关，就是东北营商环境改善的力证。在东北振兴省部联席落实推进工作机制第一次会议上，也明确"十四五"时期排在首位的工作是"着力优化营商环境"。

（二）收入保持不变、消费支出增长

2021 年，辽宁、吉林和黑龙江居民人均可支配收入累计值分别为 35112 元、27770 元和 27159 元，均低于全国 35128 元的平均水平；居民人均消费支出累计值分别为 23831 元、19605 元和 20636 元，均低于全国 24100 元的水平。

收入方面，静态来看，东北三省的收入排名高于地区生产总值排名，其中辽宁收入水平较高，进入了全国排名前 10（排第 9 名），吉林和黑龙江居民的收入水平还较低（分别排第 21 名和第 23 名），与全国平均水平还存在较大差距。动态来看，2020 年辽宁、吉林和黑龙江分别排在第 9 名、第 20 名和第 23 名，2021 年东北三省均保持收入地位未变。

支出方面，静态来看，辽宁、吉林和黑龙江的支出水平均低于全国平均水平（分别位于第 10 名、第 21 名和第 17 名），值得注意的是，辽宁和吉林支出排名均低于收入排名，内需拉动力较弱，而黑龙江在收入最低的情况下，消费还高于吉林，远高于其收入排名，说明黑龙江的内需相对较强。动态来看，相较于 2020 年辽宁、吉林和黑龙江在全国分别位于第 11 位、第 22 位和第 23 位，三省都有所增长，说明东北三省的内需情况有所改善，消费拉动经济的作用正逐渐增强。人均收入是反映一个城市经济发展成果较为直观的标准和依据，只有人们富裕，城市才能够顺应时代的发展，变大变强。经济只有运转起来，各行各业才能循环发展。

（三）贸易结构不平衡，向东北亚贸易亟待强化，地区贸易产业链合作机会大

2021 年，辽宁进出口总额为 7724 亿元，同比增长 17.6%（低于全国 3.8 个百分点），其中出口金额为 3312.6 亿元，同比增长 24.9%（高于全国 3.7 个百分点）；进口金额为 4411.4 亿元，同比增长 12.6%（低于全国 8.9 个百分点）。吉林进出口总额为 1503.8 亿元，同比增长 17.3%（低于全国 4.1 个百分点），其中出口金额为 353.6 亿元，同比增长 21.5%（高于全国 0.3 个百分点）；进口金额为 1150.2 亿元，同比增长 16%（低于全国 5.5 个百分点）。黑龙江进出口总额为 1995 亿元，同比增长 29.6%（高于全国 8.2 个百分点），其中出口金额为 447.7 亿元，同比增长 24.4%（高于全国 3.2 个百分点）；进口金额为 1547.3 亿元，同比增长 31.2%（高于全国 9.7 个百分点）。整体来看，东北三省的出口额均小于进口额，对外贸易均呈逆差状态，其

中，尤以吉林和黑龙江的进出口贸易差额更大，进口约为出口的3倍多。辽宁的情况相对好一些，不仅其出口额与进口额的差距较小，而且出口增速也远高于进口，反映了其对外贸易结构向均衡化发展。总体而言，东北三省要打造对外开放新高地，优化调整贸易结构，扩大出口可能是未来重点方向。

在贸易伙伴方面，辽宁前三大贸易伙伴是日本、美国和韩国，进出口贸易总额分别为927.5亿元、693.2亿元和571.1亿元，日本占辽宁对外贸易总额的12.01%。吉林前三大贸易伙伴是德国、日本和俄罗斯，进出口贸易总额分别为375.11亿元、106.98亿元和104.37亿元，德国占吉林对外贸易总额的24.9%。黑龙江前三大贸易伙伴是俄罗斯、巴西和美国，进出口贸易总额分别为1313.4亿元、74.64亿元和63.95亿元，俄罗斯占黑龙江对外贸易总额的65.83%。总体而言，东北三省参与东北亚对外贸易合作的程度需要进一步加深。一方面，可以加强与韩国的对外贸易往来，韩国的经济体量也不小，但是目前仅为辽宁的第三大贸易伙伴，未进入吉林和黑龙江贸易伙伴前三名，未来的增长空间较大。另一方面，在中美贸易关系不明朗的前景下，辽宁和黑龙江的三大贸易伙伴之一都有美国，未来贸易面临的波动性风险可能更大，贸易方向向东北亚转向可能更好地规避风险。横向比较来看，辽宁省的国别贸易结构更加均衡，第一大贸易伙伴占比仅为12.01%，反观黑龙江的国别贸易结构则可能较为单一，贸易活动主要集中在与俄罗斯的交往，这也可能是制约黑龙江贸易规模增大的因素。如果黑龙江能够在巩固对俄贸易的基础之上，积极开拓东北亚其他国家市场，未来增长潜力不可小觑。类似地，辽宁和吉林未来也可以利用东北亚区域一体化程度加深，加强与韩国、俄罗斯的经贸往来，以此推动对外开放更上一层楼。

在贸易商品类别方面，辽宁出口商品前三类分别是机电产品、高新技术产品和钢材，机电产品占出口额的 50.73%；进口商品前三类分别是机电产品、原油和金属矿及矿砂，机电产品占进口额的 28.58%。吉林出口商品前三类分别是机电产品、农产品和食品，机电产品占出口额的 43.5%；进口商品前三类分别是机电产品、高新技术产品和农产品，机电产品占进口额的 79.18%。黑龙江出口商品前三类分别是机电产品、高新技术产品和农产品，机电产品占出口额的 39.16%；进口商品前三类分别是原油、农产品和食品，原油占进口额的 60.42%。东北三省的产品贸易结构有一个共同的特征，即机电产品是对外贸易重要产品，在东北三省的进出口商品排名中位列第一（除黑龙江的进口第一名是原油），说明东北凭借着老工业基地积累下的工业优势，在机电领域可能具有比较优势。但是，我们也要看到，机电产品在东北的进出口贸易中占比过高，反映出贸易结构相对单一，可能面临风险，未来在产品结构上也需要向均衡化方向发展。此外，仅从商品大类数据上看，东北三省的主要贸易商品重合度很高，可能存在产业同质化问题。实际上，从细分项看，辽宁出口的机电产品主要是电子元件、高新技术产品主要是电子技术；吉林出口的机电产品主要是汽车零配件、农产品主要是肉类；黑龙江出口的机电产品主要是手机、高新技术产品主要是计算机与通信技术、农产品主要是蔬菜及食用菌，说明东北三省基于比较优势发展对外贸易的产品可能存在产业链上下游关系，因而未来可能可以通过加大产业链上下游合作，共同推动对外开放，提升东北整体对外开放水平。

（四）地区通胀压力整体较大，辽宁和黑龙江 CPI 和 PPI 的"剪刀差"高于全国

2021 年，辽宁、吉林和黑龙江的 CPI 同比增长 1.1%、0.6% 和 0.6%，与全国的差额分别为 0.2 个百分点、−0.3 个百分点和 −0.3 个百分点。辽宁、吉林和黑龙江 PPI 同比增长 13.6%、5.1% 和 12.3%，与全国的差额分别为 5.5 个百分点、−3.0 个百分点和 4.2 个百分点。CPI 方面，吉林和黑龙江增速可能太低，存在通缩的风险。PPI 方面的问题更加严重一些，主要是辽宁和黑龙江的 PPI 过高，在全国都面临 PPI 价格过高、挤压企业利润的困境时，辽宁和黑龙江的问题更加严重，特别是辽宁 PPI 和 CPI 的"剪刀差"在 12 个百分点左右。东北本身物价较低，加之新冠肺炎疫情下生产者价格向消费者传导不畅，上游生产资料价格过高将对当地企业生存发展（尤其是中小企业）带来较大考验。

（五）东北三省经济情况与发达省份比较

2021 年，我国地区生产总值排名前三位的省份分别是广东、江苏和山东，下文将从国营经济与私营经济、新冠肺炎疫情冲击及恢复情况、对外开放等方面对比东北三省与发达省份差距大小，以期挖掘东北追赶发达经济区域的着力点。

1. 国营经济与私营经济情况

从经济成分来看，东北三省的国营经济占比远高于广东、江苏和山东，其中，黑龙江的国营经济占比高达 70%。同时，东北三省国有企业的资产利润率却更低（见图 2），反映出东北三省可

能存在较多盈利能力不强、改革相对滞后的国有企业。

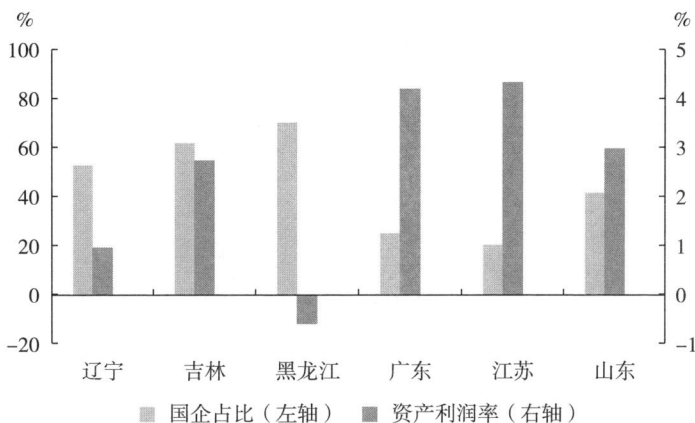

图 2　东北三省与发达省份国有企业占比及资产利润率比较

（资料来源：国家统计局）

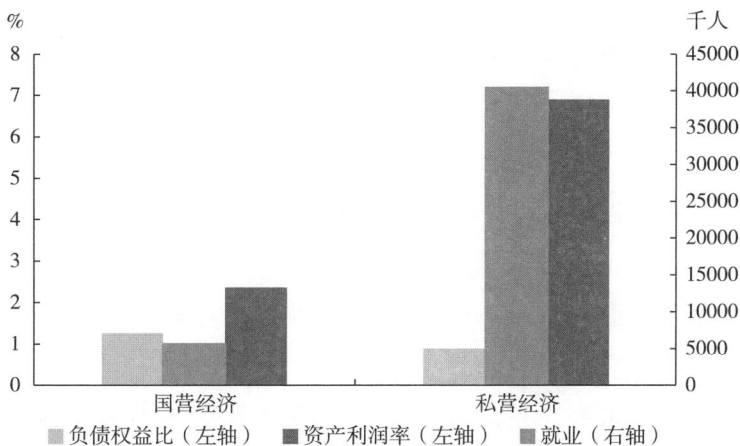

图 3　国营经济和私营经济效率及对就业贡献比较

（资料来源：国家统计局）

从图 3 中可以看出，相较于私营企业，国有企业的杠杆率过高、经营效率较低、对就业的贡献较小。目前，国有企业的增长停滞已导致我国总资产持有量减少。国有企业还存在滥用贷款优惠、游说排挤有竞争力的私营企业等制约经济增长的问题。如果没有目前享受的特殊待遇，很多国有企业将无法在创新驱动的市场环境中生存。此外，在近年来的反腐运动撤换较多国有企业高管的影响下，国有企业经常存在缺乏连贯战略的管理层的问题。与此相反，私营部门现在正在成为中国经济增长的主要驱动力。数字"60/70/80/90"的组合经常被用来描述私营部门对中国经济的贡献：它们贡献了中国 GDP 的 60%，负责 70% 的创新，80% 的城市就业和 90% 的新工作岗位。私人财富也占投资的 70% 和出口的 90%。诚然，国有经济也是国民经济不可或缺的重要部分。随着国有企业在参与"一带一路"倡议的国家开展更多的基础设施项目，国有企业的出口份额可能会增加，带动我国经济整体出口份额。

因此，东北国有企业如果不能加快改革，将会成为限制私营经济发展、拖累经济增长的因素。但是，如果国有企业致力于做大做强、提高效率，将会成为东北经济的新增长点。特别是在关系国计民生的重要战略部门（国防、能源、电信、航空和铁路等），国有企业需要加快改革；在其他竞争性领域，为了保障经济效率，国有企业可以减少其所有权并逐渐从该行业剥离。东北国有企业可以通过重组、提高内部治理标准等方式不断改革，在保留政府控制权的同时通过引入混合所有制，强化对股本回报率的重视。展望未来，东北政府通过私有化有竞争力的企业，而不是在当前的法律环境下出售不良资产，将可以获得更多的利润，诚然贸易战可能制约国有企业混合所有制改革的步伐。

2. 新冠肺炎疫情受到的冲击及恢复情况

2021 年全国各地均不同程度地受到新冠肺炎疫情的影响，从新冠肺炎确诊病例来看，东北三省除辽宁的疫情控制程度与发达地区相当外，吉林和黑龙江的疫情感染程度均重于发达省份。尤其是黑龙江，省内覆盖我国边境地区，2021 年出现多次疫情反复。东北三省原本面临经济发展动能不足的问题，叠加新冠肺炎疫情冲击，经济增长在规模更小的基础上，增速仍低于发达地区。其中，辽宁的地区生产总值增速最低，仅有 5.8%（低于全国水平），吉林地区生产总值增速最高，但也与发达地区存在一定差距。在消费端，辽宁和黑龙江的消费增速滞后于发达地区，吉林的消费增速仅略高于广东，东北三省消费整体仍恢复较慢，成为经济增长的主要拖累项。在投资端，吉林投资增速大幅高于发达省份，黑龙江略高于发达省份，辽宁投资恢复严重滞后。东北三省的投资情况分化较大，吉林通过优化营商环境、培育新产业集群等多种方式带动投资逆势增长；黑龙江投资正稳步恢复；辽宁受工业转型滞后、房地产政策收紧等多方面因素影响，投资增速落后于全国平均水平。

表 2　东北三省与发达省份受疫情冲击及经济恢复情况比较

省份	辽宁省	吉林省	黑龙江省	广东省	江苏省	山东省
疫情感染人数占比/‰	0.1	0.18	0.34	0.11	0.11	0.02
地区生产总值增长率/%	5.8	6.6	6.1	8	8.6	8.3
消费增速/%	9.2	10.3	8.8	9.9	15.1	15.3
投资增速/%	2.6	11	6.4	6.3	5.8	6

资料来源：Wind。

3. 对外开放情况

从进出口贸易总额看，吉林的对外开放增速最慢；辽宁次之；黑龙江在东北地区增速最快，仅低于山东省。出口代表的是外部需求，是拉动经济增长的马车；进口则是为了满足国内需求、资本存量积累和改善全要素生产率。综合来看，进出口贸易总额反映的是一个地区对外开放的程度。目前，东北地区相较于发达省份更高的开放规模，对外开放促进经济增长应当还有很大的增长空间。从对外贸易结构看，辽宁出口规模最大、增速最快，同时也高于广东和江苏省；黑龙江次之；吉林最慢，但也高于江苏。进口方面，黑龙江最高，甚至高于广东和江苏两省；辽宁次之；吉林最低（见图4）。展望"十四五"时期，辽宁在保持出口较大优势的基础上可以适当增加进口规模，特别是加大对资本品的进口及相伴随的技术引进，以贸易拉动消费和投资，以进口促经济转型。吉林和黑龙江则是要通过提升企业生产能力和产品品质，畅通外循环供应链产业链，疏通外贸运输渠道，发挥好自贸区、国际合作示范区的政策优势等方式加大力度促进出口。

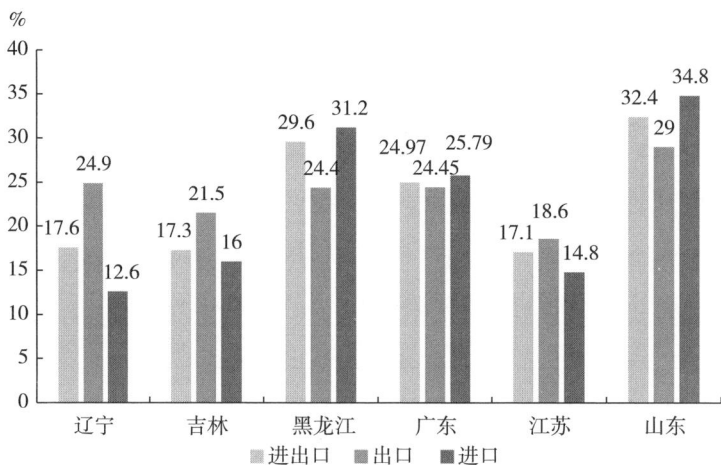

图4　东北三省与发达省份对外开放情况比较

（资料来源：Wind）

四、未来东北经济发展重点

（一）持续改善东北三省营商环境

从 2016 年国家开启第二轮东北振兴战略以来，改善营商环境便成为东北全面振兴的首要任务。尽管 2020 年以来受疫情困扰，但东北各省对政务服务的改革力度持续深化，并出台多项举措改善营商环境，支持企业渡过疫情难关。在多方共同努力下，东北营商环境建设取得了一定成效，但与南方发达地区相比还有较大差距，还需要在支持民营企业发展、行政审批服务的跨省通办、优化人口人才政策等方面采取更加有力的措施。

1. 优化东北营商环境的政策措施

在国家和东北各地方政府的积极部署下，关于优化东北营商环境的政策措施不断完善。2016 年国务院出台《关于深入推进实施新一轮东北振兴战略加快推动东北地区经济企稳向好若干重要举措的意见》，第一条就强调要"进一步推进简政放权、放管结合、优化服务改革……开展优化投资营商环境专项行动……对东北地区投资营商环境定期进行督查评估"。2018 年，国家发展改革委正式对东北地区开展优化投资营商环境专项行动，监督推动东北营商环不断改进。2018 年 9 月，习近平总书记在深入推进东北振兴座谈会上尤为强调"以优化营商环境为基础，全面深化改革"。

在国家政策推动下，东北三省积极贯彻落实中央部署，先后出台各省级《优化营商环境条例》，相应的具体措施也在不断完善，数字化、一体化、协同化是东北三省营商环境改革的共性特征。

辽宁在 2020 年新冠肺炎疫情暴发后，为减少实际接触和跑动次数，加强科技化和数字化赋能，重点完善线上政务服务体系建设。一是打造"8890"综合服务平台。"8890"综合服务平台是推进"互联网＋政务服务"、建设一体化在线政务服务平台的重要内容之一。以"一个号码""一个平台""一套标准""一个数据库"为目标，全省企业群众诉求渠道全部并入"8890"。二是全力推进"一网通办"。全省 11.4 万政务服务事项全部"进厅上网"，自建系统全部实现一体化对接，2021 年"一网通办"实办率超过 75%。三是实现跨部门联办、跨区域通办、跨层级审批。利用互联网的共享功能，大力推动相关制度创新，优化审批流程。2020 年全省上线 100 多项跨部门联办事项，牵头发起东三省"区域通办"事项 67 项，312 个工程建设项目实现跨层级审批。另外，2021 年初，沈阳被确定为全省"只提交一次材料"试点城市，全市"只提交一次材料"事项占比超过 70%，同时辅以线上办理方式，申报材料、审批时限、跑动次数均大幅减少。

吉林 2020—2021 年继续深入推进政务服务"一窗受理，集成服务"改革。一是统筹部署改革任务。以市县为重点，统筹安排部署改革各项重点工作任务。二是建立常态化工作调度机制。通过台账式管理，每月调度各地改革进展情况，研判改革工作进度、质量和存在的问题。三是强化改革调研督导。每季度就阶段性改革重点问题进行书面调研，不定期对各地改革措施落地情况进行督查暗访，确保改革措施落地、落实。四是利用信息化手段建立协同服务工作机制。为工程建设项目办理提供从生成到竣工验收全过程"一码通"服务，破解系统连接、多码互认难题，同时也积极推进"一网通办""省内通办""跨省通办"，开发"掌上办""吉事办"等掌上服务应用。

黑龙江近两年也致力于提升政务服务的信息化和数字化水平。一是加快"互联网＋监管"系统建设，监管事项、数据补录、系统管理和信息报送等功能均已上线并启动日常运维管理。二是推动政务数据共享，完成市地平台与省平台最大化对接。三是推进全省一体化在线政务服务平台建设，实现省市县三级事项名称、编码、类型、依据等要素统一。四是持续提升政务服务网和"全省事"APP 功能，如设立"俄罗斯人办事"等特色网上服务专区；为帮助企业应对疫情、复工复产，在"全省事"APP 开设"疫情专题"和"复工专题"；提升 APP 注册便利度、服务检索、查询精准度、引导办事便捷度和申报易用度等应用能力。

2. 东北三省营商环境改善取得初步成果

一方面，各省市场主体数稳步增加，市场活力日益增强。从辽宁市场监督管理局披露的数据看，各类市场主体尤其是民营经济主体正在蓬勃增长。截至 2021 年 12 月底，全省各类市场主体总量突破 444 万户，民营经济市场主体突破 400 万户；全年新登记市场主体 73.52 万户，同比增长 21.57%；新登记企业 18.4 万户，同比增长 10.9%；新增"个转企"12896 户。吉林 2021 年市场主体增速表现格外抢眼。全年新登记市场主体 63.6 万户，同比增长 50.6%，增速位居东北三省第 1 位、全国第 3 位；新登记外埠企业 3.8 万户，同比增长 78.9%，呈现出"投资争过山海关"的全新气象；市场主体总量突破 300 万户；新增"个转企"企业

7248 户。黑龙江虽然受到局部疫情反复的影响，但也在积极扶持市场主体发展。截至 2021 年 12 月底，全省实有市场主体 291.23万户，同比增长 10.7%；全年新登记市场主体 54.46 万户，同比增长 28.7%。

另一方面，各省主要城市营商环境评价向好。秉承以评促改、以评促优，推动全国营商环境持续改善的宗旨，国家发展改革委牵头构建中国营商环境评价体系，组织在直辖市、计划单列市、省会城市和部分地县级市开展营商环境评价。该评价体系从衡量企业全生命周期、反映投资吸引力、体现监管与服务三个维度，构建了 18 个一级指标和 87 个二级指标，综合反映各地营商环境建设成效。2020 年底国家发展改革委发布的《中国营商环境报告 2020》是系列报告的第一部，在该报告中，沈阳市被评为全国 15 个标杆城市之一，并在办理建筑许可、执行合同这两项指标成为全国标杆；大连市在保护中小投资者、跨境贸易两项指标上被评为全国标杆。在 2021 上半年发布的《中国营商环境报告2021》中，沈阳在 80 个参评城市中排名第 19 位，再次被评为全国标杆城市，并在办理建筑许可，招标投标，执行合同，办理破产，保护中小投资者，知识产权创造、保护和运用 6 个指标成为全国标杆；大连市成为全国进步最快的城市之一，在政府采购、跨境贸易、执行合同、包容普惠创新等指标上成为全国标杆。

除了国家发展改革委出版的国家级营商环境评价报告，也有一些其他机构对中国城市营商环境开展评估排名。根据粤港澳大湾区研究院、21 世纪经济研究院联合发布的《2020 年中国 296 个城市营商环境报告》，大连、沈阳、长春、哈尔滨的营商环境综合排名分别为第 27 名、第 40 名、第 60 名和第 67 名。从具体评价指标来看（见表 3），沈阳、长春、哈尔滨和大连在基础设施、市场总量和社会服务三项指标的排名相对较好，但在软环境①、生态环境和商务成本②三项指标的排名则比较靠后。

表3　2020 年城市营商环境排名

城市	营商环境总排名	分项指标排名					
		软环境	基础设施	生态环境	市场总量	社会服务	商务成本
大连	27	47	14	58	27	27	200 +
沈阳	40	50	19	200 +	23	16	200 +
长春	60	68	42	191	46	29	200 +
哈尔滨	67	112	32	200 +	35	18	200 +

资料来源：粤港澳大湾区研究院，21 世纪经济研究院 . 2020 年中国 296 个城市营商环境报告［R］. 2021.

3. 进一步改善营商环境的建议

尽管这两年东北三省对营商环境的优化改革力度持续加大，营商环境也确实取得了明显改善，但与南方发达城市相比还有较大差距。在《中国营商环境报告 2020》所评选的 15 个全国标杆城市中，11 个是南方城市。全国工商联最新发布的 2021 年度"万家民营企业评营商环境"调查结果中，营商环境得分前十的城市有 9 个是南方城市。东北营商环境建设仍在路上，要继续采取更加有力的措施推动营商环境改善。

第一，加大对民营经济和民营企业扶持力度。尽管东北三省新登记个体工商户和民营企业数在稳步上升，但缺乏创新力强、品牌影响力大的民营企业。2021 年中国民营企业 500 强榜单中，来自东北三省的企业只有 8 家。民营经济对地区生产总值的贡献率、税收贡献率、解决城镇就业率等指标也低于全国平均水平。

① 软环境指数包括人才吸引力、投资吸引力、创新活跃度和市场监管四个大类。
② 商务成本指数使用水电气成本、工资成本和土地成本测算。

这本身与东北工业建设时期计划经济和国有经济占据主导有关，要想真正激发市场经济活力，必须减少东北国有经济的资源垄断，对具有较好发展潜力尤其是科技创新能力强的民营企业给予政策和资源倾斜。可以推动国有企业和民营企业的融合发展，并且通过建立产业链供应链关系促进国有企业和民营企业的产业融合，真正做到取长补短、相互促进、共赢发展。

第二，鼓励企业"走出去"和"引进来"。南方地区尤其是浙江、广东等省份民营经济发展较好，这些地区有很多优秀的民营企业，具备先进的经营和管理经验。东北三省地方政府要在政策上积极鼓励外地企业来东北投资或经营，不仅可以拉动当地就业率，还能为市场注入新的竞争活力。同时也要鼓励当地优秀企业拓展外埠市场乃至国际市场，扶持并指导企业"走出去"，加强与国内、国际先进企业的交流合作，将优秀的经营管理经验引进来。

第三，加强政务服务和审批的跨省通办。2020 年以来，东北三省在政务服务和审批的"跨省通办"方面取得了积极尝试，但与长三角、粤港澳、川渝城市群的一体化发展程度相比，东北地区在一体化协同发展方面还需加强。实现经济的一体化，首要的就是打破行政壁垒。要推动省际的信息共享和相关要素、标准的统一，统筹建立协同服务机制。在当前新冠肺炎疫情不稳定的形势下，要利用信息化和数字化技术加强互联互通，实现各省政务服务线上平台的最大化对接。

第四，实行更加积极的人口和人才政策。人是市场经济活动的主体，人的生产与消费行为构成经济活动闭环。很多研究表明，人口减少对市场活力和经济发展有明显的抑制作用。当然，经济活力低下也会进一步加剧人口的流出，二者是相互作用的关系。第七次全国人口普查数据显示，东北三省 10 年间人口减少 1101 万人，归结于出生率低和人才外流严重两个方面的原因。只有实行比其他地区更加积极的人口和人才政策、抑制人口下降速度，才能激发市场需求和经济活力。在生育政策方面，建议优先放开生育限制，加大生育补贴、育儿补助、优惠购房等政策力度。在人才就业政策方面，要吸引大学生毕业后留在东北创业、就业，积极引进外来人才，在户籍管理、住房补贴、教育、创业基地建设、创业服务等方面提供特殊政策。

（二）"双碳"目标下的绿色低碳转型发展

我国于 2020 年 9 月正式提出"二氧化碳排放力争于 2030 年前达到峰值，努力争取到 2060 年前实现碳中和"的"双碳"目标。这是一次对产业结构、能源结构及全社会生产生活方式的巨大变革。东北处于全国产业链的关键环节，走好绿色低碳转型之路，不仅仅是应对国家"双碳"战略目标要求，更是抓住转型机遇、实现东北全面振兴和经济高质量发展的必然选择。但同时也要清醒地认识到低碳转型的艰巨性，要充分发挥区位特点和资源优势，加快补齐低碳经济发展短板，有序推进绿色低碳转型。

1. "双碳"背景下东北三省经济低碳转型的重要性

首先，从国内经济产业发展需要看，东北三省是传统重工业基地，为整个国家产业体系输送大量的工业原材料和产成品，是国内产业链中的重要组成，对推进我国工业化、城镇化进程发挥着重要作用。我国要想实现"双碳"目标，各地及各行各业必须要坚持"上下一盘棋"，推动全产业链、供应链的绿色低碳发展。面对支持国内经济建设与实现低碳发展目标的双重需要，必须加速东北三省产业结构和能源结构调整、强化技术研发以提升自身减排水平。

其次，从国际经贸往来看，东北三省依托大连自由港建设，是国家向东开放的新前沿。而气候政策和控碳原则正在逐渐改变国际经贸往来的规则标准。例如，欧盟已宣布于2021年6月正式启动碳边境调节机制的立法程序①。未来，绿色、低碳标准对国际经贸活动的影响将会越来越大。若东北生产加工的原材料与产成品不符合国际绿色认证标准，将对国际经贸合作利益产生不利影响，因此必须要加快产业低碳转型。

最后，从新时期东北振兴的战略目标看，东北振兴要秉持新发展理念，实现更高水平的全面振兴，绿色低碳是必然要求。"双碳"战略既是巨大挑战，更是一次发展机遇，新产业、新业态、新模式可能带来新的经济增长点，未来碳减排的经济效益也将进一步显现。若东北能够抓住这次机遇，推动低碳经济发展，不仅会为国家"双碳"目标的实现贡献巨大力量，更会为东北振兴装上新引擎。

2. 东北三省绿色低碳经济发展面临的难点

据中国碳排放核算数据库（CEADs）统计，东北三省二氧化碳排放总量约占全国碳排放量的10%，而东北三省地区生产总值仅占全国GDP的5%左右，因而东北单位地区生产总值的二氧化碳排放水平约为全国的2倍，低碳发展之路任重而道远。从经济社会实际情况看，东北低碳转型主要面临以下难点。

一是"两高"行业占比高，经济生产碳排放大。东北三省是

---

① 该机制将针对未执行同等强度的减排措施的进口产品制定单边气候政策，通常指征收碳关税或出售排放许可证。

国家老工业基地，经济产业结构中重工业占比较高，聚集着火电、钢铁、化工、石化、建材、冶金、造纸等行业。这些重工业大部分属于高能耗、高污染行业，生产过程中大量使用煤炭、石油等化石燃料，因此碳排放水平也较高。除工业外，东北三省也是国家农业生产基地，黑龙江省第一产业占比高达 25% 以上。而农业也是碳排放量相对较高的行业之一，尤其是在化肥的施用、畜禽养殖、农业废弃物的处理环节产生的碳排放较高。整体而言，东北三省的产业结构决定了其经济生产过程中能耗水平和碳排放水平较高。然而减碳必须以经济的平稳转型为前提，农业和工业不仅仅是东北经济产业发展的支柱性行业，更是国家产业体系的关键组成，如何在不牺牲经济发展利益的前提下推动生产方式变革和产业结构调整，是东北实现绿色低碳发展面临的最大考验。

二是新旧动能转换慢，低碳技术研发相对落后。推动产业结构调整优化、对传统产业进行改造升级、培育壮大新兴产业是新一轮东北振兴战略的重要内容。但从东北振兴成效和经济增速来看，新旧动能转换速度较慢。而"双碳"目标对产业结构和能源结构的优化升级提出了更高要求，东北很多产业对传统生产路径和化石能源的依赖较强，新旧动能转换可能需要较长时间。实现新旧动能转换的关键在于低碳技术研发与创新。近几年我国大力发展低碳技术，但与"双碳"目标的艰巨性和紧迫性相比，技术研发与创新步伐还远远不够。在能效提升和节能减排技术方面，我国主要高能耗行业的能效水平与发达国家相比仍有较大差距，单位 GDP 能耗是世界平均水平的 1.5 倍；在清洁能源技术方面，储能技术是实现电能替代和清洁替代亟须攻破的技术难点，提升清洁能源的转化效率、调峰与紧急供电能力等方面也存在技术瓶颈；在 CCUS（二氧化碳捕集、利用与封存）技术方面，存在基础建设投入大、运行资金需求量大、经济效益偏低等问题。

三是冬季取暖煤耗较大，居民生活能源需求旺。东北位于高纬度地区，冬季严寒，采暖供热需要较大的煤耗。有关统计分析表明，采暖期越长、地理位置越靠北方、室内外温差越大，供热煤耗就越大。因此由于客观地理气候因素，东北三省因采暖产生了较多额外的能源消费需求，并且这一需求来自千家万户，关乎社会民生。当前居民部门采暖仍主要依赖于煤炭，燃煤的二氧化碳排放系数较高，这对降碳减排带来较大难度，政策实施过程中可能面临能源保供和节能减排双重目标难以平衡的矛盾。2021 年因去产能导致煤炭供不应求，进而煤炭原材料价格高企、煤电价格倒挂、电厂利润亏损、电力供应短缺问题接连发生。2021 年 8月以来，已有 20 个省份出台了力度不等的限产、限电措施，东北三省均出现拉闸限电现象，对经济生产和社会民生造成一定影响。2022 年受国际俄乌冲突、国内疫情反复等多重因素影响，能源价格依旧高企，能源安全问题十分严峻。面临冬季采暖用煤高峰，能源保供政策纷纷出台，但能耗双控和减碳任务也长期存在，这对东北各地方政府施政的统筹规划能力提出了巨大挑战。

四是金融业发展薄弱，绿色金融支持工具不足。无论是传统高碳行业改造升级，还是绿色低碳行业发展、低碳技术创新研发等都需要大量金融资本的支持。2016 年以来，在政策的有力推动下，我国绿色金融业务规模日益增长，产品工具种类不断丰富。但东北地区绿色金融发展相对落后。据人民银行统计，截至 2021年末，全国绿色贷款余额达 15.9 万亿元，较年初增长 33.05%，而东北地区绿色信贷增速远低于全国水平。原因可能有三个方面：其一，东北三省本身金融业发展相对薄弱，金融市场不够活跃，金融对产业发展和转型升级的支持作用没有充分发挥；其二，东北三省企业客户和金融机构对绿色低碳发展的认识落后，导致绿色金融需求不足、绿色金融服务意识不强、业务开展的积极性不高；其三，东北三省传统重工业聚集，绿色低碳转型难度较大，而绿色金融政策和产品工具的创新不足，当前绿色金融服务无法完全满足市场需求。

3. 推动东北三省经济低碳发展的路径选择

东北三省要结合资源优势和产业特点，抓住"双碳"机遇，攻克转型难关，多管齐下有序推动经济低碳发展。

第一，构建新型能源系统，实现能源耦合发展。人类生产生活产生的大部分二氧化碳排放来自化石能源的燃烧，因此实现低碳发展目标最首要的任务是推动能源体系改革。改革要沿两个方向发力：一是发展清洁能源，实现能源清洁化转型；二是提升能源利用和转化效率，降低能源消耗。

在能源清洁化转型方面，核能具有能量密度大、功率高、运输量小、储存占地小的优点，发展前景十分广阔。辽宁红沿河核电站是国家"十一五"时期首个批准建设的核电项目，2021 年 6 月 25 日，红沿河核电 5 号机组首次成功并网发电。除了发电外，核能还可以大规模制氢，使真正的零碳排放成为可能，具备很好的商业应用前景。辽宁省要重视对核电站的建设、维护与利用，加速构建以清洁能源为主体的新型能源系统。

在能源利用效率提升方面，推动能源耦合发展是一个新思路。一是行业内不同能源形式的耦合。例如，电力行业的"风光水火储一体化"模式，通过火力发电与清洁能源发电的互补运行带动电力行业转型升级，提高整体能源利用效率。二是跨行业、跨产业的能源耦合。例如现代煤化工行业与电力行业的耦合，将煤气化联合循环发电（IGCC）与煤制油进行耦合，其综合能量转化效率可达 60%，高于单独发电（45%）或单独制油（50%）的能量转化效率。

第二，发挥产业集聚效应，推动循环经济发展。东北三省工业和农业产业基础雄厚，可以充分发挥产业和资源的集聚效应，形成高质量发展的价值链条，并构建循环经济发展模式。在工业方面，东北三省工业门类齐全，并且有很多工业园区，具备发展链条经济和循环经济的有利条件。可以将煤炭、煤电、化工、钢铁、建材等建成互为基础、互相关联的产业链，利用现代生产工艺，使余压、余气、粉煤灰、钢渣成为全新的工业资源，在产业链间循环使用，有效降低能耗及碳排放。在农业方面，可以通过探索生态农业、循环农业、有机农业等发展模式，加强农业废弃物的可循环利用，最大限度发挥农业的固碳能力，打造农业生态系统的碳平衡。加强低碳施肥、低碳种植、低碳畜禽养殖技术的研发，提高绿色有机粮食产量，加强粮食深加工、精加工，以此推动居民粮食消费结构的绿色升级。

第三，加强低碳技术研发，提高产业科技含量。提高科技附加值是实现产业优化升级的重要内涵。而若想提升产业减排水平、降低减排成本，最根本的也在于低碳技术进步。东北地区高校和科研资源丰富，在产学研合作方面大有可为，如能在绿色低碳核心技术研发与应用方面有所突破，有效推动生产方式的转型升级，将会极大提升产业科技含量与竞争力。可以重点沿两方面加强低碳技术发展。

一是提升能效水平方面的技术研发。在当前清洁能源对煤炭等化石能源的替代能力有限的阶段，要想在保障能源供给的同时实现能耗双控目标，关键在于提升能效水平。可以在能源、工业等行业内纵向技术优化，进一步挖潜增效，"二次再热"等技术就大大提高了煤电机组的能效水平。另外，上文提到的能源耦合技术也能实现能效水平的提升，但这都依赖于现代化生产技术的不断进步与创新。

二是提升 CCUS 技术应用的经济效益。CCUS 被认为是最具前沿的低碳技术之一。但我国 CCUS 技术发展缓慢，整体仍处于研发和实验阶段，缺少全流程一体、更大规模的、可复制的、经济效益明显的集成示范项目。依托东北老工业基地的雄厚实力，可以尝试在东北三省建立一些 CCUS 技术应用示范区。

第四，加强建筑绿色改造，抓住城市更新机遇。除了生产环节的技术研发，还可以致力于对住宅、办公场所的绿色技术改造，加强碳足迹管理。欧洲在推动建筑绿色节能改造方面处于全球领先地位，东北地区与大部分欧盟国家纬度和气候条件相似，在建筑绿色方面大有探索空间。可以利用人为设计和技术改造，集成绿色配置、自然通风、自然采光、低能耗围护结构、新能源利用、绿色建材、智能控制等。尤其是在采暖系统改造方面，推动清洁能源供热发展，在保障民生的前提下最大限度降低能源和资源消耗，实现人文与建筑、自然与科技的和谐统一。

第五，注入金融活水，抢占低碳领域投资机遇。要用金融活水推动东北低碳经济发展，结合东北三省经济产业的实际特点和转型需求，探索出一条具备自身特色的碳金融发展之路。

一是要强化顶层设计。地方政府和监管部门需推动完善适应气候目标的碳金融制度、相关政策和市场机制建设，对地区和行业碳金融整体规模、比重、结构等问题做出明确规划。学习推广浙江、广东等国家首批绿色产业改革试验区的经验，推动大型绿色环保和低碳改造项目的资金投入，建立激励和惩罚机制，引导市场行为。建立碳贸易、碳金融领域的边境调节应对机制，维护自身在国际经济金融交往合作中的利益。

二是要抓住投资机遇。东北三省低碳产业发展仍处于起步阶段，面对低碳行业的市场蓝海，金融机构要抓住投资机遇、提前战略布局。要加强对新产业、新技术提升专业化认知，出台专项资金政策和碳减排支持工具，加强产品和业务模式创新。要重点支持低碳技术研发和投产使用的资金需求，推动低碳技术的不断进步。大型银行可以借助数据资源优势和科技手段，建立产业互联网平台，接洽有转型需求的高碳企业与低碳技术型企业的合作，实现共赢。

三是要守住风险底线。妥善处理好东北三省高碳企业客户的转型和退出，不可直接断贷、抽贷，要分行业制定转型时间表和路线图，提供专项资金支持其改造升级，并将碳减排情况作为授信依据。对于转型过程中可能面临淘汰或退出风险的高碳客户，要提前做好压力测试、风险评估和有效的风险管控，并建立风险隔离机制，防止单一高碳行业客户退出风险在产业链上的传导。

第六，充分激活森林资源，发掘林业碳汇价值。森林在碳减排及生态保护中的作用越发得到认可。东北林区贮藏大量优质林木资源，全域森林面积接近 9 亿亩，森林蓄积量接近 50 亿立方米，占全国总量的 27% 左右，黑龙江、吉林、辽宁森林覆盖率分别为 43.78%、41.49% 和 39.24%[①]，是森林碳汇的天然宝库。碳汇市场建立使碳汇成为可交易的、具有经济价值的标的。目前，全国碳交易市场二氧化碳每吨价格大约在 50 元人民币，市场普遍预期未来碳价会继续上涨，那么碳汇的经济价值也会随之增加。

---

① 数据来源：国家统计局。

东北可以用好资源禀赋，创新森林碳汇利用方式，积极参与到碳汇市场当中，以碳汇价值替换林木交易价值，打造新的经济增长点，使东北林区焕发新的活力和生机。

（三）充分挖掘土地要素支撑经济发展的潜能

土地资源是东北经济发展最具比较优势的生产要素，但这一资源优势并未被充分利用和激活。我国"十四五"规划中提出的经济社会发展主要目标之一便是产权制度改革和要素市场化配置改革取得重大进展，土地要素改革势必成为经济体制改革重要任务。东北更要立足优势、抓住机遇，通过制度改革激活土地要素，带动相关产业协同发展，最大化地挖掘土地要素支撑经济发展的潜能。

1. 东北土地要素比较优势未被充分激活

相较于南方沿海城市，东北经济发展缺乏体制、资金、技术等方面的比较优势，土地是东北最具比较优势的生产要素。一是耕地面积大。东北三省有 21.53 万平方公里耕地，占全国耕地总量的 16%；人均耕地面积约 0.2 公顷，是全国人均耕地面积的 2 倍多；若再算上内蒙古东北部，整个东北地区耕地面积达 29.93 万平方公里①。二是耕地质量高。根据农业农村部发布的最新《全国耕地质量等级情况公报》，东北地区（包括黑龙江省、吉林省、辽宁省和内蒙古自治区东北部）以黑土、草甸土、暗棕壤和黑钙土为主，平均耕地质量 3.59 级，为全国最高；耕地质量等级为 1～3 级的达 15.6 万平方公里，占东北耕地总面积的 52%。三

---

① 数据来源：农业农村部。

是可利用土地比例高。由于东北大部分是平原，可利用土地的占比较高。当前黑龙江、吉林和辽宁农用地①面积占土地调查面积的比重分别约为88%、87%和78%，远高于全国68%的水平②，另外还有得天独厚的林地资源及大面积的建设用地。

尽管东北三省拥有较大的土地资源优势，但从土地的经济产出看，这一资源优势并未被充分利用和激活。表现在以下几个方面。

第一，农业产值有待提高。尽管东北三省耕地面积大且质量高，但农业大而不强，单位耕地产值与长三角地区相比有较大差距。长三角耕地面积约12.67万平方公里，东三省耕地面积约21.53万平方公里，而这两大区域的农业总产值相当。原因一方面与季节因素有关，南方农作物每年可产两季以上，东北一般只产一季；另一方面在于东北传统农业发展模式无法适应现代经济发展的需要，长三角地区通过推进农业现代化、园区化建设，大大提升了农业产出效益。

第二，林地经营效益偏低。东北三省林业用地面积达40.94万平方公里，占全国林地面积的12.65%，但2020年东三省林业产业（包括林业第一、第二和第三产业）总产值只占全国的5.2%。在林业产业结构方面，东北林业第一、第二和第三产业占比分别为41.4%、38.5%和20.1%，而全国林业第一、第二和第三产业占比为32.2%、45.9%和21.9%。东北林业经济依然以"种树、砍树"的第一产业模式为主，第二和第三产业占比较低，产业链向高端延伸不足，从而导致林地经营效益偏低，森林资源无法产生应有的经济价值。

---

① 农用地包括耕地、林地、草地、农田水利用地、养殖水面等。
② 数据来源：国家统计局。

第三，建设用地利用效率低。根据自然资源部 2021 年 1 月 13 日《关于 2020 年度国家级开发区土地集约利用监测统计情况的通报》，东北地区开发区土地利用强度和土地利用集约度最低，工业用地投入持续偏低，工业用地率和综合地均税收低于全国平均水平。因此，东北地区工业建设用地利用效率整体偏低。

第四，存在较多未利用土地。受地理位置和土壤条件等因素制约，东北约有将近 9.8 万平方公里的土地未被有效利用，占东北三省国土面积的 12% 以上。其中，黑龙江未利用土地 6.16 万平方公里，吉林未利用地 1.42 万平方公里，辽宁未利用地面积 2.21 万平方公里，这些都是亟待唤醒的沉睡资源。

2. 推动土地制度改革，激活土地沉睡资源

激活土地资源要素的前提是深化制度改革，建议在东北三省建立土地改革试验区，推进深层次的土地改革。通过土地改革，一方面可以提高"三农"经济效益，为东北振兴寻找新的经济增长点；另一方面，随着国有企业改革深化和技术进步，部分行业已出现劳动力或资本过剩现象，通过改革激活土地沉睡资源，可以为劳动力或资本要素转移提供可能的承载空间，并且为技术要素提供更多应用场景，从而实现土地、劳动力、资本、技术等各类生产要素的价值最大化组合。土地改革重点包括以下几个方面。

一是确定土地的资产性质，将农村土地财产权"做实"。真正让农民拥有土地的占有、使用、收益和处置权，并延长土地使用年限到 100 年甚至 200 年。要对农村土地（包括农村的宅基地、耕地、林地等）确权发证，对农村集体建设用地（包括宅基地）、农民房屋等进行产权登记，纳入不动产统一登记信息平台。允许

土地承包权、经营权，宅基地使用权、集体建设用地使用权、农村住宅等可以交易、抵押、作价入股等。

二是提高土地的流转，实现土地要素的市场化配置。通过构建城乡统一的土地交易市场，促进劳动力、土地、资金等要素和人口的城乡之间、产业之间的双向流动，特别是充分吸引城市的资金、人才、技术等要素进入农村，推进农民工人化、农业工业化、农村城镇化，提高农业生产效率，真正做强农业。可以允许东北土地试验区优先探索农村房屋和宅基地交易对象突破现行法律限制的多种方案。

三是提高建设用地审批效率，先行探索征地制度改革。建议按照《国务院关于授权和委托用地审批权的决定》的精神，将东北三省列入第二批土地征收审批试点，加快建设用地审批效率，缩短供地时间。与此同时，按照新《土地管理法》（2019 年 8 月 26 日修订），开展公共利益界定试点，出台公共利益目录，缩小征地范围。

四是加快推进东北国有林场与国有农场的土地改革。建议国有林场实行"分林到户"，即把林地承包给职工，职工在种植苗木销售过程中，不得破坏原有山林，须保证森林覆盖率，林地收益归个人。对于国有农场，建议采取承包经营体制改革，将土地使用权和适度的发展权界定给承包职工，提高其积极性和就业的灵活性，减少农场办社会的职能。

五是加快推进未利用土地开发利用和土地产权改革，以地吸引人、以地养人。目前，未利用土地开发技术成熟、成本较低，为鼓励未利用土地开发与利用，建议将所开发未利用土地的使用年限延长到 99 年甚至 200 年，以稳定土地开发者和使用者的预期。将一定面积的新改造土地免费分给那些在外地就读、回归东北三省工作的大学毕业生，吸引人才回流创业，最大限度激发劳动力要素活力。

六是发展"飞地经济"，探索跨地区利益分享机制。充分利用东北的闲置土地，与东部、南部等土地稀缺地区开展对口合作。尽快出台相关办法，支持东北以土地入股，与东部地区合作发展"飞地经济"，为对口合作方的技术、人才有效发挥开创空间。同时，探索建立跨地区利益分享机制，进而带动东北经济发展。

3. 实现资源利用最大化，带动相关产业协同发展

土地是大多数产业发展的基础要素。为了最大限度实现土地资源的经济效益，除了深化土地制度改革，还需要将土地要素融入东北产业发展的大局中寻求新突破。重点是要促进产业链条延伸，以土地为纽带连通第一、第二、第三产业，带动相关产业协同发展。

对耕地和建设用地的利用不应局限于农业生产或工业建设，要与园区理念想融合，将传统农业和工业重整为新型的复合产业体系。如建设农业生态园、工业科技园、文化科创园等，推动农业和工业产业链向两端延伸。对产业链下游而言，要重点发展生产性服务业和生活性服务业，特别是要加强文化、旅游、金融等产业投入，并且要完善消费网络和信息网络，推动消费升级。对产业链上游而言，鼓励在园区设立科研机构，加强科技研发与创新，深化产学研合作，推动产业面向现代化、科技化、智能化升级。此外，建设用地的开发利用要与新型城镇化建设相结合，修建宜居康养社区，带动养老产业发展。

对于林地的经营，要抓住"双碳"背景下林业碳汇发展机遇，将林业碳汇融入林地经营管理中，大力发展林业碳汇经济。

碳排放权和碳汇的金融属性正在不断强化，要实现林业与金融业的融合发展，提升林地资源的经济价值。东北相关政府部门和金融监管部门要更新理念，积极推动东北参与到全国碳配额交易和碳汇交易市场中，完善市场机制和规则标准建设，营造良好的市场环境；金融机构也要积极探索碳交易业务，依托资源优势在林业碳汇业务领域优先布局，掌握市场规则和交易机制，加强业务和产品创新，推动碳配额和林业碳汇在市场交易中的合理定价。

（四）深化东北三省经济的对外开放与合作

东北三省位于环渤海经济圈，毗邻俄罗斯、蒙古国和朝鲜半岛，与日本隔海相望，是东北亚区域的核心地带，更是我国向东开放的重要前沿。在"双循环"新发展格局下，推动更高水平的对外开放与合作是我国始终坚持的战略导向。《区域全面经济伙伴关系协定》（RCEP）的签署为我国向东开放带来新机遇。东北三省依托东北亚经济圈的区位优势，更要抓住战略机遇，深化经济对外开放与合作，为东北振兴带来新引擎。

1. 东北三省经济对外开放合作现状

一方面，东北三省近些年对外贸易呈现疲弱态势。在对外贸易方面，2017年以来，东北三省进出口贸易规模呈现出先上升后下降的波动特征（见图5）。2018年，东北三省进出口总额达到近几年最高峰（10656亿元），占全国进出口比重约3.5%。2018年以后，东北三省进出口贸易总额占全国比重连年下降，2021年底下降至2.87%。2021年，受全球经济复苏影响，外需有所回暖。截至2021年底，东北三省进出口累计金额为11223亿元，同比增长19.9%，但仍低于同期全国进出口21.3%的增速。此外，东北地区存在比较严重的贸易逆差。2017 年以来，东北三省贸易逆差始终维持在较高水平，2021 年东北三省贸易逆差总额为 2995 亿元（见图 6）。

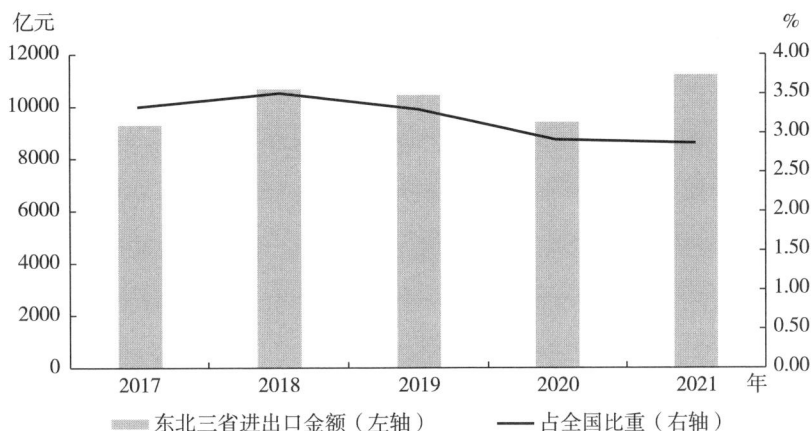

图 5 东北三省进出口贸易规模及占比

（资料来源：国家统计局）

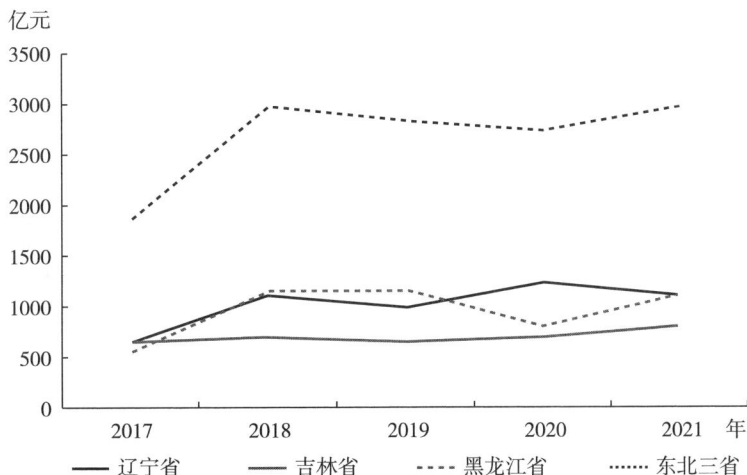

图 6 东北三省贸易逆差规模

（资料来源：国家统计局）

另一方面，在中央政策支持下，东北三省在开放合作平台建设方面取得了积极进展。辽宁和黑龙江分别于 2016 年 8 月和 2019 年 8 月设立了自由贸易试验区。黑龙江、吉林、辽宁分别设立了多个边境特色经济合作区，如黑河边境经济合作区、绥芬河边境经济合作区、中俄（滨海边疆区）现代农业经济合作区、珲春边境经济合作区、和龙边境经济合作区、中国图们江区域（珲春）国际合作示范区、中韩（长春）国际合作示范区、丹东边境经济合作区、中日（大连）地方发展合作示范区等，此外还有多个保税物流中心。整体而言，东北依托大连自由港和其他港口，以珲春、绥芬河、满洲里为东西窗口，以长春、哈尔滨、齐齐哈尔、大庆等城市为腹地支撑，建设面向东北亚的陆港联运出海大通道，构建了东北亚国际经济合作圈。

2. 东北三省对外开放存在的问题和短板

一是对外贸易依存度和开放水平偏低。从对外贸易依存度[①]来看，2021 年东北三省总体对外贸易依存度为 20.15%，其中辽宁、吉林、黑龙江分别为 28.00%、11.36% 和 13.41%，均低于全国对外贸易依存度（34.18%），东北三省进出口贸易对经济增长的拉动效应不强。整体来看，东北三省对外贸易和双向投资规模均呈现疲弱态势，占全国比重逐年下降。尽管自贸区、开放合作区的建设积极推进，但从实际效果看，未能对贸易和投资情况带来明显助益，对外开放水平仍有待提高。

二是贸易结构失衡，出口竞争优势不足。东北三省近年来均存在较大规模的贸易逆差，尤其是黑龙江和吉林进口规模是出口规模的三倍多，进出口贸易结构严重失衡。其背后反映出的问题

---

① 又称对外贸易系数，计算方式为进出口总额地区生产总值。

是出口产品竞争优势不足，根源问题是东北产业发展面向高质量转型升级的步伐较慢，产品创新不足，科技附加值较低，难以满足市场更高端的需求。

三是物流运输网络的便利化程度不高。与江浙沪、粤港澳、山东等地便利的路、海、空联运相比，东北三省物流网络建设明显不足，省际铁海联运不通畅、铁路运输耗时长，对外贸经济带来不利影响。东北三省大部分货物通过大连港出海，但大连港的标准集装箱吞吐量在国内十大港口中仅位列第 8 名，与江浙沪、粤港澳和山东半岛一带的港口相比有较大差距。

3. RCEP 生效后东北亚区域合作迎来新机遇

2020 年 11 月 15 日，东盟十国以及中国、日本、韩国、澳大利亚、新西兰 15 个国家正式签署 RCEP，标志着全球规模最大的自由贸易协定正式达成。2021 年 11 月 2 日，RCEP 保管机构东盟秘书处正式宣布文莱、柬埔寨、老挝、新加坡、泰国和越南 6 个东盟成员国和中国、日本、新西兰和澳大利亚 4 个非东盟成员国已正式提交核准书，达到协定生效门槛，RCEP 于 2022 年 1 月 1 日对上述十国开始生效。RCEP 是多边主义与自由贸易的胜利，是区域经济一体化的重大利好，尤其是对东北亚区域经济合作带来更多新机遇。

一是中日韩合作潜力有望进一步释放。2002 年，中国第一个自由贸易协定达成，开启了我国自由贸易区建设新征程，RCEP 的生效使我国自贸区提升战略进一步落实。中日韩自贸区谈判自 2012 年启动以来，三国均积极推动中日韩合作达到新高度。RCEP 使我国对外开放合作潜力进一步扩大，也为中日韩自贸区谈判创造了良好环境，三方可以在贸易、服务、金融、科技等领域深化交流与合作，稳定以中日韩为核心的东亚生产网络，并且利用"中日韩＋X"合作模式与更多国家实现共同发展。

二是东北亚与东南亚融合为一体化大市场。RCEP连通中日韩与东盟十国，推动东北亚与东南亚两大区域板块市场的融合。同时，RCEP鼓励各方在教育、人员资格、消费者保护等领域制定互相接受的专业标准和准则，有利于推动跨区域服务业管理标准规则的互认对接。更重要的是，RCEP使区域要素流动、产业转移等更加便捷，助推企业建立更加完善互补的跨国产业分工体系。RCEP各成员国可依托区域内发展中国家资源要素、中间品生产基础及发达经济体技术优势，充分利用区域内原产地累积规则，形成东北亚与东南亚市场产业链、供应链和价值链的闭环。

4. 深化东北三省经济对外开放合作的建议

第一，加强对外开放合作平台的制度创新，打造良好的开放环境。我国自由贸易试验区和各类经济开放区建设仍处在探索阶段，相关政策制度可以在试验区内大胆尝试，以制度创新为东北三省的开放平台打造良好的营商环境。在自贸区市场制度方面，要构建与国际规则接轨的管理和标准体系，推动国内外市场主体的公平竞争，倒逼自身加速改革。另外，要优化要素市场化改革，建立有利于资金、人才、技术等生产要素自由流动的体制机制。资金方面，可以发展"转口贸易＋离岸贸易＋离岸金融"的模式，优先开放金融市场，利用金融的活跃度为市场注入血液。人才方面，可以借鉴海南自贸港建立国际人才管理制度，为国际化专业人才提供更多出入境、工作、居住、医疗、子女教育等方面的便利。技术方面，进一步优化科技创新环境，依托东北产业优势和教育科研资源，促进产学研和国际交流合作，建设国际科技创新合作区，加强知识产权保护。

第二，以技术创新推动优势产业转型升级，高水平融入国际合作。要想改善东北三省贸易逆差问题，就要加速推动产业转型升级，增强产品的国际竞争力，实现自身高水平融入开放合作。产业转型升级归根结底要依靠技术创新。东北要加速培育技术要素市场，以创新驱动传统优势产业面向高端化、智能化、绿色化转型升级。以"高端化"作为产出目标，增加产品的科技附加值，以适应更高端的市场消费需求。以"智能化"作为生产引擎，提高产业生产方式的机械化、现代化、自动化水平，促进生产效率的提升。以"绿色化"作为续航保障，推动绿色、低碳、清洁化生产，实现产业的可持续发展。

第三，加快东北三省陆海联运通道建设，实现区域错位协同发展。要加快东北三省的陆海联运通道建设，打通物流运输网络，实现跨区域资源共享。特别要重视港口资源的联合，宁波港和舟山港联合成为一个港口后实力大增，目前在国内仅次于上海港。大连自由港具有得天独厚的优势，可将周边的多个港口资源（如营口港、锦州港等）进行整合，纳入自由港统一规划，打造真正的北方航运中心和物流中心。另外，东北三省也要依据比较优势形成差异化定位，实现优势互补与错位发展。要完善各个城市的职能和分工，促进生产要素合理配置和产业链的分工合作。

第四，抓住 RCEP 机遇，深挖与东北亚及其他地区开放合作潜力。东北三省地处东北亚经济核心圈，要抓住 RCEP 机遇，打造成为我国向东开放的新前沿。一方面，东北三省要借助中日韩自贸区和中蒙俄经济走廊建设，发挥地缘优势，加强与日本、韩国、蒙古国、俄罗斯、朝鲜等东北亚国家的经贸往来和交流合作，共促东北亚经济繁荣发展。另一方面，RCEP 将东北亚与东南亚连为一体，东北三省的对外开放也要跳出东北亚，面向东南亚，放眼全世界。要依托"一带一路"倡议，发挥产业的比较优势，加强同东盟、上合组织、欧洲、南亚、非洲、阿拉伯等地区的经贸交流与合作力度。

专 题 一

"沈长哈大" 协同发展
构建东北区域协调发展新格局

摘　要

　　东北振兴过程中，中心城市振兴是重中之重，要率先垂范，但仅依靠中心城市独立发展难以积聚振兴的足够动力。党的十九届四中全会提出：尊重客观规律，产业和人口向优势区域集中，形成以城市群为主要形态的增长动力源，进而带动经济总体效率提升，这是经济规律。《中共中央关于制定国民经济和社会发展第十四个五年规划和二〇三五年远景目标的建议》中提出，"十四五"时期，要推动东北振兴取得新突破。在打造以国内循环为主的战略格局下，实现东北城市群的建设是重要突破口。沈阳、长春、哈尔滨和大连（以下简称"沈长哈大"）作为东北地区的四大核心城市，协同发展、同向发力，对推进东北老工业基地全面振兴取得新突破具有现实意义和长远的战略意义。

　　首先，"沈长哈大"协同发展是实现国家总体战略、筑牢国家安全底线的重要举措。"十三五"时期，习近平总书记对东北振兴发展提出了"三个事关"的论断，即事关我国区域发展总体战略的实现，事关我国工业化、信息化、城镇化、农业现代化的协调发展，事关我国周边和东北亚地区的安全稳定"；"十四五"时期，又赋予东北维护国家"五大安全"的战略地位，即国防安全、粮食安全、生态安全、能源安全、产业安全，强调东北振兴关乎国家发展大局。"沈长哈大"协同发展是全面贯彻落实习近平总书记重要指示精神，维护东北地区繁荣稳定，加强国家安全战略纵深的重要体现和举措。

其次，"沈长哈大"协同发展是推动形成优势互补、高质量发展的区域经济布局的重要引擎。"沈长哈大"居于东北区域中心城市地位，沈阳、大连是辽中南城市群的核心，长春、哈尔滨是哈长城市群的核心，四市的汽车及零部件、智能装备、医药化工、航空航天等产业优势突出，但同质化较为严重，协同发展能更好地互补优势、分工协作，有利于形成具有竞争力的产业链、供应链、价值链，打造成为东北区域经济新的增长极和具有较强竞争力的城市群。

最后，"沈长哈大"协同发展是加快实现东北振兴取得新突破的必然选择。东北地区是我国实施区域协调发展战略的重要组成部分，是全国区域四大核心板块之一。实现东北振兴新突破需要关注四个问题，即机制体制问题、维护国家安全问题、新产业布局问题和城市群建设问题。解决这些问题的根本路径就是"沈长哈大"协同发展、同向发力、共同担当，率先开展高质量发展试点试验，不断提高辐射带动能力。

一、"沈长哈大"各具优势，协同发展

从东北振兴视角，本报告认为区域经济均衡增长对构建新发展格局具有重大意义。"沈长哈大"具有科研底蕴深厚、进出口贸易面向东北亚、资源丰富等共性特征，四市经济社会交往密切，具备实现均衡协同发展的基础。未来四市通过求同存异、分工互补和协调发展，将大力促进东北振兴，构建新发展格局。

（一）"沈长哈大"的基本情况

从国家发展格局来看，"沈长哈大"是"一带一路"和面向东北亚对外开放战略的支点，在东北振兴中分别发挥着重要的战略支点作用。同时，四市也是东北亚人口稠密地区的地理中心，在"一带一路"、RCEP（区域全面经济伙伴关系协定）、CPTPP（全面与进步跨太平洋伙伴关系协定）、中韩自贸区、中韩（长春）国际合作示范区等战略的支持下，肩负着打造东北开发枢纽和对外开放新高地的使命。

从发展基础看，"沈长哈大"自然基础较好，土质主要是黑土地，水绕山环、沃野千里，城市功能齐全，是非常适合人类生存与发展的区域；南面为渤海与黄海，东面和北面主要有图们江、鸭绿江、乌苏里江和黑龙江等水系环绕，只有西面是陆界；内侧有大兴安岭、小兴安岭和长白山系，中心部分有渤海凹陷和松辽大平原等，幅员辽阔。相比全国平均水平，东北平原面积的比重更高，宜垦荒地大概有 6.67 万平方公里，森林总蓄积量大约占全国的 1/3，潜力很大。

分城市来看，"沈长哈大"既是东北中心城市，也是东北亚经济圈中心城市。沈阳地处辽宁省中部地区，居于环渤海经济圈的中心位置，是长三角、京津冀等地通往关东的综合枢纽，是"一带一路"向东北亚和东南亚延伸的重要节点。长春是东北亚和东北的地理中心，是我国最早的电影制作基地和汽车工业基地。哈尔滨享有欧亚大陆桥"明珠"的美称，是对俄罗斯合作的中心城市。大连地处辽东半岛南端、黄海与渤海交界处，与山东半岛隔海相望，是重要的港口、贸易、工业和旅游城市。

"沈长哈大"整体发展均衡。参考张明等（2021）① 研究，本报告选用第一大城市经济指标/第 K 大城市经济指标的比值是否小于 K 考察"沈长哈大"区域经济发展的平衡程度。若该比值小于 K，则说明城市间的发展差距较小，经济结构相对均衡；反之，则经济梯度差异较大。首先，本文选用 2020 年四市地区生产总值衡量经济差距程度。四市中地区生产总值最大的是大连市，顺次将排名第 2 位、第 3 位、第 4 位的长春、沈阳和哈尔滨与其比较，计算结果分别为 1.06、1.07 和 1.36，均小于对应 K 值，说明四市的经济差距较小。其次，选用各城市常住人口数衡量人口数量差距。四市中人口数量最多的是哈尔滨，顺次排名第 2 位、第 3 位、第 4 位的分别是沈阳、长春和大连，它们与哈尔滨的比值分别为 1.10、1.10 和 1.34，均小于对应 K 值，说明四市的人口差距较小。最后，选用各城市存款规模衡量资本积累差距。四市中

---

① 张明，魏伟，陈骁. 五大增长极双循环格局下的城市群与一体化［M］. 北京：中国人民大学出版社，2021.

存款规模最大的是沈阳,排名第2位、第3位、第4位的分别是大连、长春、哈尔滨,计算得到的比值分别为1.32、1.50和1.52,均小于对应K值,说明四市的资本规模差异也较小(见专表1-1)。"沈长哈大"凭借较为均衡的经济发展程度,在区域经济协同发展过程中能够更好地利用外溢效应,避免虹吸效应,即四市协同发展不会以牺牲某一城市利益为代价,各城市相近的经济规模使四市能够平等合作、经验共享、求同存异,在差异化分工的基础上实现合作共赢。

专表1-1 "沈长哈大"经济发展差距

城市	经济差距	人口差距	资本差距
沈阳	1.06	1.1	—
长春	1.07	1.1	1.32
哈尔滨	1.36	—	1.5
大连	—	1.34	1.52

资料来源:国家统计局,沈阳市统计局、长春市统计局、哈尔滨市统计局和大连市统计局。

四市经济在东北地区举足轻重。从经济指标看,四市地区生产总值和存款规模都占据了东北三省的半壁江山,人口也接近40%,加上四市对周边地区的辐射影响力,可以说四市经济影响力几乎覆盖了全东北地区,四市振兴与否是东北能否实现振兴的关键。从东北重点城市地区生产总值和人口占比与长三角地区的比较也可以看出,东北地区的经济活动和人口更多集中在重点城市,长三角相对分散,因此抓住重点城市,推动协同发展对东北地区意义深远。此外,对比发现,长三角地区的资本积累在重点城市的程度更高,重点城市存款规模超过60%,但人口仅有33%,反映长三角地区贫富分化可能更严重,而"沈长哈大"资本积累和地区生产总值占比、人口差距相对较小(见专表1-2)。

专表1-2 "沈长哈大"区域经济地位与长三角重点城市对比

单位：%

地区	地区生产总值占比	常住人口占比	存款规模占比
沈阳	13.02	9.23	14.80
长春	12.75	9.23	11.45
哈尔滨	9.61	10.19	11.20
大连	14.05	7.58	12.78
四市总和	49.43	36.23	50.23
长三角重点城市①	45.79	33.14	61.26

注："占比"指各地区占所在区域对应经济指标的比重。
资料来源：沈阳市统计局、长春市统计局、哈尔滨市统计局和大连市统计局，Wind。

"沈长哈大"与全国其他城市群的重点城市之间差距仍然较大。从地区生产总值来看，重点城市地区生产总值均突破了万亿元人民币门槛，而沈阳、长春和大连的地区生产总值还在7000多亿元徘徊，哈尔滨的地区生产总值更是处于我国城市群规划涵盖的重点城市中的最低一档，四市经济发展水平距离其他区域集群的重点城市还很大。从资本积累来看，其他城市的本外币存款余额均超过2万亿元，而"沈长哈大"均未超过2万亿元，四市的资本积累水平在重点城市中的排名也处于末尾。从常住人口来看，大部分重点城市常住人口过了1000万人门槛，仅有少数城市人口未达千万人，但是也有900多万人。然而，沈阳和长春的常住人口刚过900万人，哈尔滨是由于行政区划调整接近1000万人，大连则只有700多万人，位于重点城市人口排名末位。此外，四市人口自然增长率为负数，未来四市与全国重点城市人口差距可能更大（见专图1-1）。

① 本文选取上海、南京、苏州、杭州、宁波、合肥。

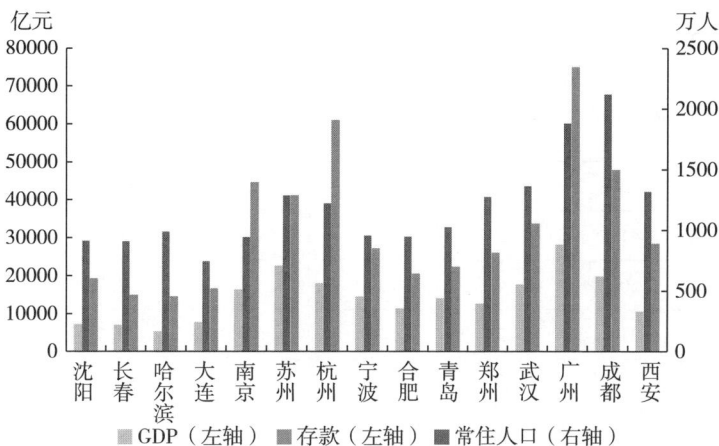

专图 1 – 1　2021 年全国重点城市经济指标比较

（资料来源：Wind）

（二）科研底蕴深厚，成果转化加快推进

"沈长哈大"整体拥有较好的科研基础。四市共拥有高校 167 所，占全国的 6.1%；"双一流"高校 10 所，占全国的 6.8%；拥有全国排名前 10% 学科的高校有 39 个，占全国的 9.5%；中科院在四市共有 8 所分所，占中科院京外分所的 14.9%；2020 年在校大学生人数为 194.6 万人，占全国的 5.9%；获得国家科学技术奖项 40 项，占全国的 15.2%。四市高校和研究机构众多，科研成果丰硕，科研相关的各项指标全国占比均高于地区生产总值占比，说明从全国范围看，四市的科研实力较强，科研底蕴深厚（见专表 1 – 3）。

近几年，"沈长哈大"开始重视科技成果转化，依靠科技创新促进产业转型。除长春 2021 年出现下滑，其余三市技术合同成交金额稳步增长，均超过 250 亿元（见专图 1 – 2）。

专表 1-3 "沈长哈大"科研实力情况

城市	普通高等院校/所	"双一流"高校/所	拥有全国排名前10%学科的高校/所	中科院京外分所/所	普通高等院校在校生/万人	国家科学技术奖/项
沈阳	45	2	13	2	44.0	16
长春	41	2	7	1	48.3	4
哈尔滨	50	4	11	2	69.8	12
大连	31	2	8	3	32.5	8
四市合计	167	10	39	8	194.6	40
全国占比	6.10%	6.80%	9.51%	14.9%	5.92%	15.15%

注："双一流"高校数量和拥有全国排名前10%学科的高校数量是2022年数据，其他数据为2020年数据。

资料来源：各城市统计年鉴、2022年第二轮"双一流"建设大学名单、2022年软科中国大学专业排名等公开资料。

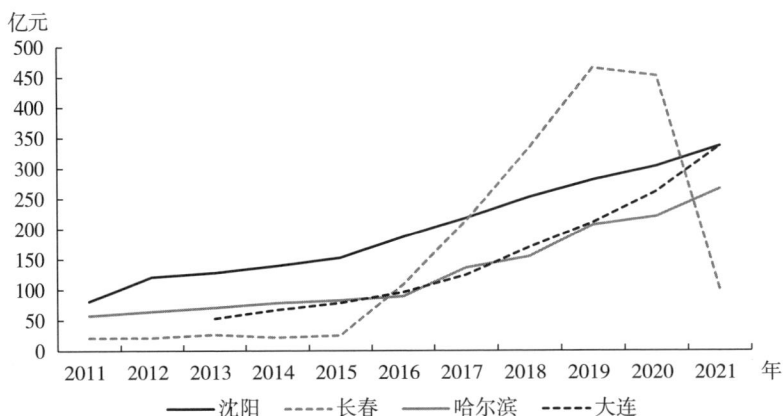

专图 1-2 2011—2021年"沈长哈大"技术合同成交额

（资料来源：沈阳、长春、哈尔滨和大连各年统计年鉴）

但是，如果将四市与其他城市群重点城市相比较，四市技术成果转化程度还较低。如专图 1-3 所示，四市技术合同交易额均未超过 500 亿元。结合四市科研实力来看，四市高水平高校与研究机构数量明显多于宁波、郑州、青岛等地，研究实力甚至可以与长三角、广东比肩，但四市技术交易合同额均远低于广东、长三角地区，说明东北地区还有丰厚的高校研究资源尚未开发。近年来，为了充分利用好东北高校的科研底蕴优势，四市立足自身实际情况，在推进技术成果转化上均做了较大努力。

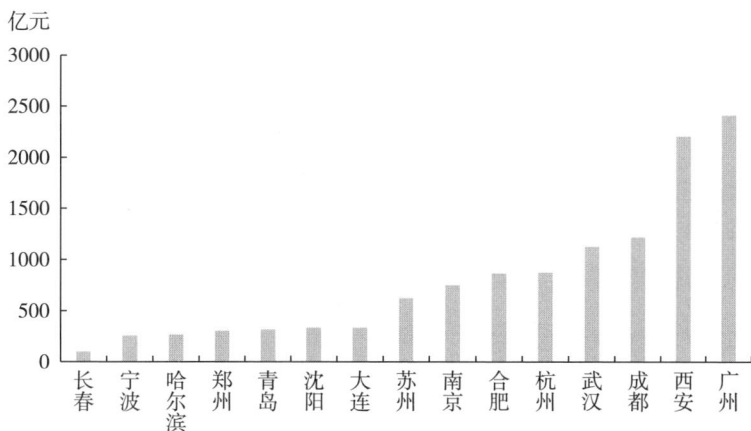

专图 1-3 2021 年"沈长哈大"技术合同交易额与其他地区对比

(资料来源：各市统计年鉴)

沈阳一方面通过成立成果转化小组，对接高校成果和企业需求。成果转化小组前往各创新主体调研，根据细分产业对专家成果信息进行划分，便于企业对接；并且及时将企业实际需求发送给有关院校及科研机构，由此大大提升了科研院所的积极性。另一方面，通过引入科技中介服务机构，提高转化效率。中介机构可以提供专业的服务，如成果定价评估、专利申请等，解决了双方信息不对称、信任不充分的问题。据《经济参考报》报道，中科院金属所、沈阳自动化所等诸多科研院所已经和黎明发动机、沈阳中科三耐新材料、鞍钢集团等大量企业之间签订了 121 项科技成果转化协议。此外，为完善建设科技成果转化体系，中科院沈阳技术转移中心已经与辽宁省内科技部门共建了9个分中心，按照"平台中心＋科技副职＋科技特派员"的模式推动合作。

长春通过搭建平台促进成果转移。在平台打造方面，长春打造了集各类主体为一体的创新云平台，从而推动科技转化便利化。在载体建设方面，积极创建东北科技创新中心、吉林长春集成创新综合体，推进科研项目孵化和成果转化基地建设，已建成包括新能源、生物医药在内的五个专业技术平台和涵盖金融、信息、人才、科技企业孵化、知识产权、国际合作等公共服务的七大平台，推动新兴产业健康良好发展。在建设创新基地方面，主要采用建设开发区和特色产业园的模式，打造了净月信息产业协同创新基地、高新南区医药健康产业协同创新基地等八个产业协同创新基地。此外，长春还通过举办院士路演，让院士科研项目与企业有效对接。

哈尔滨充分利用高校科研优势，重点解决打开"锁在实验室"的科研成果。首先是为人才松绑。哈尔滨通过兼职兼薪、保留学籍创业等多种方式激励科技成果转化。其次是改革科技成果处置收益。采取分红和股权期权等奖励措施，让"才智"能够得到"财富"。对高校基于科技成果转化和提供科技服务获得的收益，政府同级财政予以全额返还，不冲抵财政性经费预算。在良好的政策环境下，近两年时间，哈尔滨工业大学、哈尔滨工程大学依托其在机器人、航天等领域存在的显著优势注册成立的科技企业就有181家。黑龙江省工业技术研究院把知识产权作价入股收益的百分之八九十用于对科研人员的奖励。2014年以来，哈尔滨科技企业孵化器稳步增长，2021年科技企业孵化器达141家（见专图1-4）。

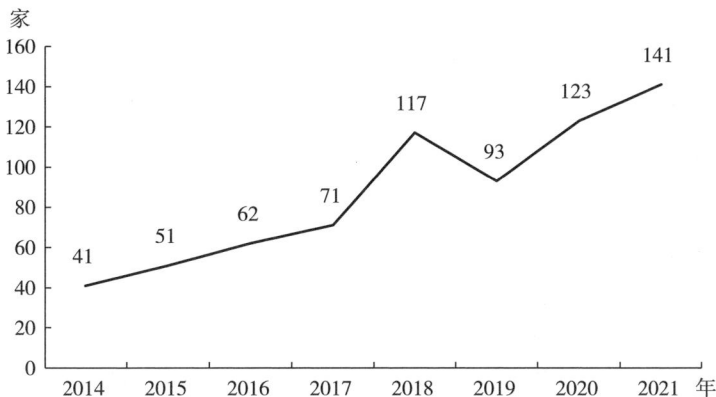

专图 1-4 哈尔滨科技企业孵化器

（资料来源：哈尔滨科技局）

大连加快推进实质性产学研联盟建设。截至 2021 年 6 月，大连构建具有实质性合作的产学研联盟 200 余个，组织 4 批科技型中小企业评价备案工作，入库备案企业 1377 家，同比增长 13.4%；第一批高新技术企业认定网上申报 1076 家，同比增长 99.3%；31 项"新字号"类项目加快推进。大连聚焦洁净能源、智能制造、海洋工程等重点领域，在核心技术方面实施"揭榜挂帅"，突破关键核心技术、研发设计关键零部件、重大装备攻坚，促使科技成果更好地转化与应用。2021 年第一批发布的 58 项"揭榜挂帅"科技攻关项目榜单中已初步确定 47 个项目获得立项。

（三）与东北亚国家经贸关系密切

2019 年沈阳前三大贸易伙伴分别为德国、美国和日本，分别占进出口贸易总额的 26.8%、9.3% 和 6.7%；吸引外资三大来源地是中国香港（37.2%）、日本（18%）和韩国（18%）。外贸方面，沈阳依托中德（沈阳）高端装备制造产业园，特别是其中的华晨宝马集团，与德国在产业链多环节展开贸易合作；日本由于地缘优势一直也是沈阳重要的贸易伙伴。外资方面，东北亚国家明显有更强的对华投资意愿，日本和韩国都是沈阳吸引外资的重要来源。相应地，沈阳对日本的投资项目中大型投资项目也稳步增加。例如，沈阳星河铜业有限公司投资设立日本银河金属股份公司，协议投资金额为 310 万美元；沈阳远大集团设立远大日本股份公司，协议投资金额为 412 万美元等，对日本的投资呈现良好的发展态势。

2019 年长春前三大贸易伙伴分别为德国、日本和墨西哥，分别占进出口贸易总额的 30.4%、9.1% 和 4.3%；吸引外资三大来源地是中国香港（51.9%）、日本（9.5%）和新加坡（4.6%）。一汽大众合资公司，长春开往德国汉堡、纽伦堡的中欧班列等促成了长春与德国大规模的贸易往来。此外，长春的日资企业有 80 多家，其中多数是汽车相关企业。日本有许多具备高技术能力的汽车零部件和材料的生产企业，长春的汽车产业竞争力也很强，双方在供应链、产业链等方面表现出较强的互补关系，合作价值高。值得注意的是，未来长春与韩国的经贸联系可能得以强化，位于长春的中韩（长春）国际合作示范区通过制定合作专项新政策、积极建立国际通道，已吸引韩国希杰、韩国 TMS 等 13 个外资项目签约。2021 年又新引进韩国大象食品、森众智能装备、富士康智慧农业等一批国际合作项目签约入区。未来这些项目落地生根，将极大促进中韩贸易投资水平提升。

2019 年哈尔滨前三大贸易伙伴分别为巴西、俄罗斯和中国香港，分别占进出口贸易总额的 16.7%、15.3% 和 7.2%；吸引外资三大来源地是中国香港（52.9%）、中国台湾（35.5%）和新加坡（8.7%）。哈尔滨的对俄贸易是一大特色。多年来，俄罗斯一直是哈尔滨的重要贸易伙伴。哈俄班列自2016年开通，已运行6周年，开行突破1000列，发货7.8万标准箱，运量逐年攀升，2021年发运量同比增长近3倍。2021年，哈尔滨先后开通两条直达莫斯科的货运包机航线，这是继2013年开通至俄罗斯叶卡捷琳堡电商小包货运航线后，为构建以对俄开放为重点的全方位对外开放新格局又一重要举措。

2019年大连前三大贸易伙伴分别为日本、韩国和沙特阿拉伯，分别占进出口贸易总额的18.1%、9.2%和7.3%；吸引外资三大来源地是中国香港（70.5%）、英属维尔京群岛（6.5%）和日本（4.9%）。日本是大连第一大贸易伙伴和重要外商投资来源国，截至2020年4月，大连和日本的7个县市达成了国际友好城市关系并签订相关的合作备忘录。大连是全球拥有日资企业最多的城市之一，在大连设立的日资企业累计达4877家。2020年4月，大连正式获批建立中日地方发展合作示范区，表明大连和日本开放合作迈入更高层次，迎来了良好的历史机遇期。

综上所述，由于汽车产业深度合作，欧美地区与沈阳和长春之间的贸易往来规模较大，但是结合四市的整体情况来看，四市的外贸外资数据（见专图1-5和专图1-6）呈现一个共性，即四市均与东北亚地区有密切的经贸往来，四市的前三大贸易伙伴或吸收投资来源地都包含东北亚国家，其中日本与四市的外贸关系尤其紧密，日本是沈阳、长春和大连的主要贸易伙伴和投资来源，哈尔滨的主要贸易伙伴则是俄罗斯。这说明四市基于地缘优势和历史渊源，在与东北亚地区的经贸交往中奠定了良好的基础，具备打造我国向东开放新前沿的潜力，未来随着中韩（长春）国际合作示范区、RCEP、CPTPP等政策红利逐步释放，"沈长哈大"在巩固与日本的贸易关系基础上，预期还将加强与韩国、俄罗斯等东北亚其他国家的经贸联系。

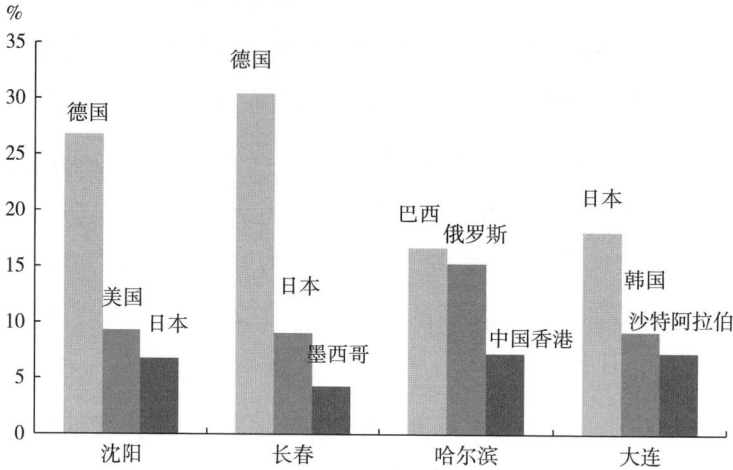

专图1-5 2019年"沈长哈大"前三大贸易伙伴进出口总额占比

（资料来源：四市统计局）

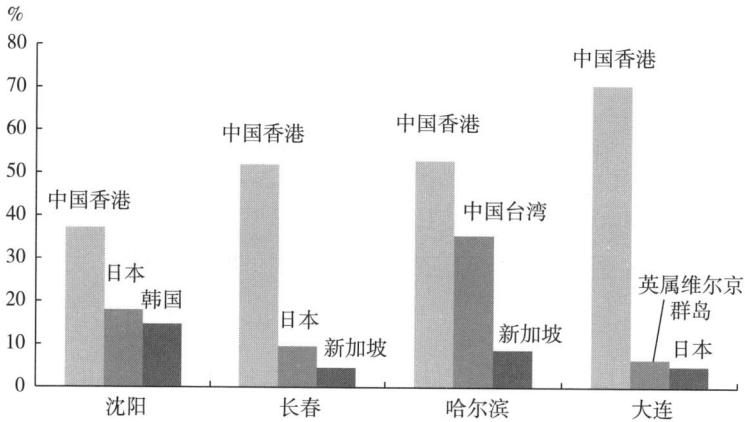

专图1-6 2019年"沈长哈大"前三大外资来源地实际利用外资占比

（资料来源：四市统计局）

二、"沈长哈大"经济协同发展的
挑战与机遇

在区域性城市群规划方面，沈阳和大连同属辽中南城市群，哈尔滨与长春则同属于哈长城市群。近年来，沈阳和大连签署了《沈阳市与大连市合作交流备忘录》，哈尔滨和长春基于哈长城市群发展规划，城市间在产业、科技、商贸、公共服务等多领域加深了合作（见专表1－4）。

专表1－4 "沈大"与"哈长"合作情况

"沈大"合作	"沈大"经济走廊
	《沈阳市与大连市合作交流备忘录》
	中科院沈阳分院与大连市人民政府签署全面科技合作战略协议
	沈阳港和大连港建立战略性合作
	大连高新区和沈阳大东区合作交流暨工业互联网产业项目
"哈长"合作	哈长城市群发展规划
	《长春市—哈尔滨市协同发展合作框架协议》

资料来源：课题组整理。

尽管将"沈长哈大"联合起来推动经济协同发展的想法已提出多年，但仍存在经济结构调整任务重、国有经济改革成效不足、债务违约影响融资环境、金融机构（特别是中小金融机构）信用风险、人口制约等不利因素，制约了"沈长哈大"实现区域内部与区域之间均衡增长，进而对新发展格局形成了一定挑战。新形势下，四市抓住内部协同建立新机制、产业链协同新机会、基础设施新面貌等机遇，推动经济协同发展有利于发挥东北雄厚的产业基础优势，形成地区间的目标导向合力，实现东北振兴。

（一）"沈长哈大"经济协同发展需要解决的主要问题

1. 经济结构调整任务重

东北三省承担着保护生态、不搞大开发的使命担当和推动生态文明建设的重大任务。"沈长哈大"协同发展不能参照沿海地区发展初期的发展道路，在新发展阶段只能站在更高的起点上，以科技创新作为主要驱动力，实现跨越式发展。在工业化与城镇化进程中，必须守住生态环境底线，走绿色发展道路，科学处理好人地、产业与环保的矛盾关系。四市共同面临在绿色发展约束下的经济转型压力，均仍处在探索绿色与发展平衡之路的阶段。

一是生态倒逼，坚定不移去产能。对不符合产业政策和污染治理等要求的新增项目要坚决不予批准；对不符合产业政策和布局要求的现存企业要采取关停取缔或环保搬迁等措施。对生态环境构成较大威胁的化工企业，需要专项整治及制订转型升级行动计划，争取化工产业减少增量、优化存量、严控总量。生态脆弱地区不新上钢铁、煤电、化工产业。根据实际情况关停和限产高耗能、高污染企业。

二是利用科学技术建立绿色产业体系。四市可以依靠互联网、大数据、云计算建立生态利用型、循环高效型产业，实现绿色环保发展。基于产业生态化和生态产业化为基础的思路，构建绿色工业、生态农业和现代服务业的低碳产业体系，使绿色成为经济发展的新底色。

三是构建绿色循环经济发展模式。四市政府可以首先基于地区主导产业，精准选择组建中小企业产业集群，加大资金投入科技创新与人才开发，坚持发展绿色经济，利用产业集群网络模式减少对环境损害。其次，大力发展可再生能源，通过研发和引入非化石能源技术，提高利用能源技术水平，减少使用化石能源产生的污染排放。最后，可以设立可持续发展和环境保护相关的优惠政策条例，在产业集群中的企业中推行，加强企业的生态保护责任意识，并利用生态补偿机制规范企业的生产行为。

四是订立中长期发展目标。四市需要借助产业转型的契机，统筹计划生态环境保护和经济发展的关系，保证绿色经济发展政策具有长远性、可持续性和可操作性。在这方面，农业的经济结构调整大有可为。四市政府可以调整农业产业结构，放弃排污量高、利润率低的农业项目，从积极引进环保且利润率高的项目着手，然后在深入调研基础上探索有机农业和生态农业相结合的科学发展模式，建设有机农产品品牌，在促进农业经济发展的同时维护农业生态的可持续性。此外，还可以发展生态农业旅游，进一步促进农业经济绿色转型，保障绿色经济健康发展。

2. 深化国企改革，增强国有经济活力

从数量上看，"沈长哈大"的国有企业数占比高于大部分城市群的重点城市，反映了四市国有经济成分较大、国有经济地位更加重要的事实（见专图1-7）。但是，从盈利端看，四市国有企业盈利能力较低。除长春外，另外三市的国有企业销售净利率在大部分时候都低于全国平均水平，并且低于大部分城市群的重点城市，其中沈阳的国有企业近三年净利率还为负数（见专表1-5）。

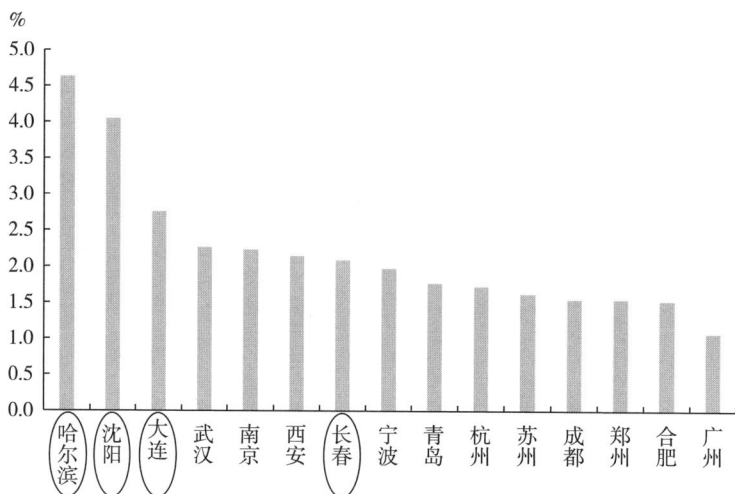

专图 1－7　2021 年全国城市群重点城市国有企业占比

（资料来源：Wind）

专表 1－5　部分城市上市国有企业销售净利率平均值

单位：%

城市	2017 年	2018 年	2019 年	2020 年	2021 年
成都	29.51	19.57	11.77	19.58	22.68
杭州	11.49	9.66	10.29	10.41	10.12
合肥	9.39	8.15	9.75	10.68	9.48
南京	11.01	10.04	5.64	11.32	9.46
广州	14.55	10.89	1.59	10.91	9.42
长春	9.12	9.37	0.00	11.74	9.41
宁波	8.92	8.87	11.10	9.26	8.50
郑州	15.99	13.04	9.61	3.86	8.50
西安	7.69	7.44	9.30	10.20	7.47
青岛	8.28	7.67	6.95	5.67	6.12
苏州	11.76	2.59	8.38	−5.29	4.73
大连	4.90	4.13	4.75	6.48	2.05
哈尔滨	9.72	2.11	13.18	1.26	1.85
武汉	7.72	6.98	5.05	−7.59	1.31
沈阳	11.21	2.28	−21.49	−66.60	−19.82
全国	12.55	3.52	4.85	7.12	8.28

资料来源：Wind。

　　盈利能力弱的国有企业通常存在体制机制不活、对外合作较少、缺乏以市场为导向的经营动力问题。四市内国有企业占比高，加上盈利水平低下，制约了区域经济协同发展的进程。未来，要充分发挥国有企业优势、盘活国有资本，就要坚定不移地推进国有企业改革，使四市之间的国有企业交流合作成为推动四市经济协同发展的重要力量。

　　一是要完善现代管理制度。建立市场化的现代管理理念和经营机制。一方面，通过深化股份制公司制改革，规范董事会建设，建立科学、长效激励约束机制，优化公司法人治理；另一方面，通过制定职业经理人制度，完善国有企业管理者薪酬机制，加强内部控制监督，构建现代人力资源管理体系。

　　二是按照中央要求，积极推动混合所有制改革。当前国有企业改革的对象是国有企业集团。针对四市的地方级国有企业，改革的步伐可以迈得大一些。首先是明确集团总部是母公司，而不是企业管理机构。要消除"总部机关化"的问题，避免总部缺位或错位、管的过多过细。在此基础上，四市可以共同探索推进国有企业母公司上市，给高管上市公司股权，实行职业经理人，对高管切实做到市场化聘用、契约化管理。在国有企业混合所有制改革过程中，对不涉及国家经济安全的行业，合理确定民营资本股权比例，以提高盈利和激发国有企业活力为标准。探索管理层持有一定股份，前提是国有股无论比例多少都是优先股。

　　三是四市联合增强国有资本监管。国有资本监管要转向以管资本为主，使其资本布局科学化、资本运作规范化、资本回报提高和保障资本安全。同时，使国有企业和民营企业在人才、技术等方面平等运用生产要素。创建国有资本投资运营公司，分离政府公共职能、国有企业出资人职能和国有企业管理职能，完善公司的法人治理结构，通过市场化的方式来监管企业。

四是盘活国有企业资本，增加上市公司数量。虽然"沈长哈大"经济规模不小，但经济质量仍有待提高。从全国上市公司数量来看，四市的上市公司数分别为27家、30家、29家和29家，仅高于郑州，低于大部分城市群重点城市的上市公司数量，并且与长三角、珠三角地区的上市公司数量还有较大差距，不足其上市公司数的一半（见专图1-8）。上市公司是承载区域产业结构优化和经济发展的重要力量，可以说上市公司数量在一定程度上反映了区域经济发展水平。上市公司多，说明此地的公司质量好，地区经济活力好。上市企业发展能够促进区域金融体系结构优化，有利于加强间接融资与直接融资的良性互动，提高地区产业的融资能力、改善融资效果。

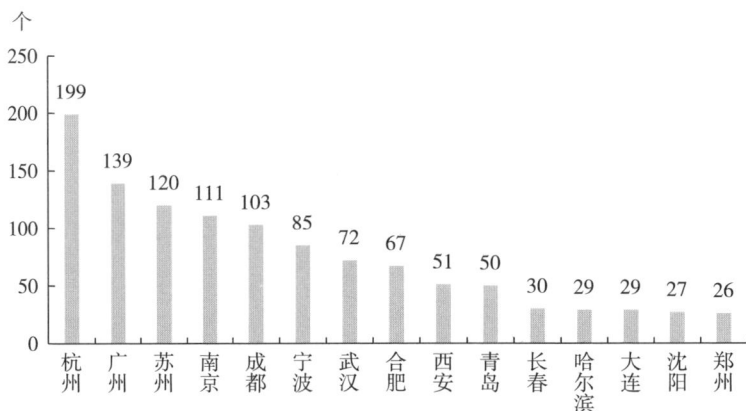

个

杭州	广州	苏州	南京	成都	宁波	武汉	合肥	西安	青岛	长春	哈尔滨	大连	沈阳	郑州
199	139	120	111	103	85	72	67	51	50	30	29	29	27	26

专图1-8 部分城市上市公司数量

（资料来源：Wind）

3. 债务违约影响融资环境

无论是从债务规模，还是结合债务压力与偿还能力看，"沈长哈大"的债务风险都较大。我们对 2020 年全国共 35 个直辖市、省会城市和计划单列市①的地方政府债务余额占地区生产总值比重进行排名，"沈长哈大"分别排在第 14 位、第 16 位、第 2 位、第 10 位，均处于排名前半段位置，显示出四市政府债务负担均较重，其中哈尔滨债务问题尤为突出（见专图 1-9）。除了政府债，企业债的风险也不容忽视。截至 2022 年 6 月，"沈长哈大"的信用债在省会和计划单列市的排名分别为第 2 位、第 23 位、第 8 位和第 6 位。除长春外，另外三市的信用债违约占比均位于全国前十，说明四市可能潜藏较大的企业经营风险（见专表 1-6）。

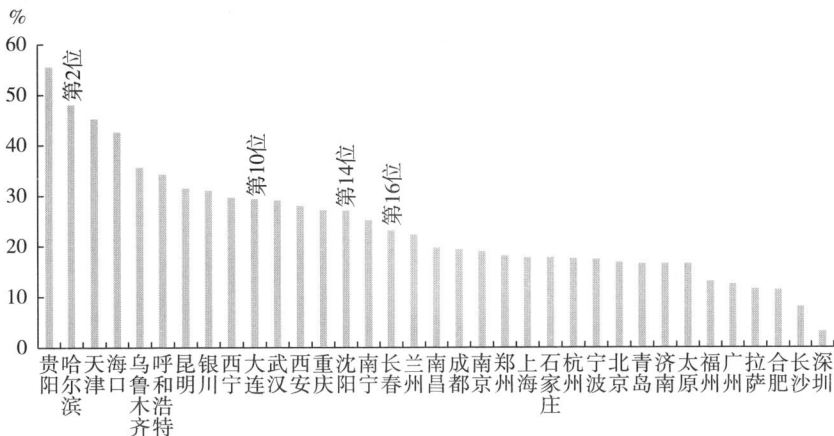

专图 1-9 2020 年直辖市、省会城市和计划单列市
地方政府债务占地区生产总值的比重

（资料来源：各地财政局）

---

① 部分城市数据缺失。

专表1-6 直辖市、省会城市和计划单列市信用债违约排名

单位：%

序号	城市	违约金额占比	序号	城市	违约金额占比
1	海口	13.28	19	北京	0.32
2	沈阳	9.23	20	呼和浩特	0.31
3	银川	3.44	21	郑州	0.30
4	拉萨	3.16	22	重庆	0.26
5	石家庄	3.11	23	长春	0.24
6	大连	2.47	24	广州	0.16
7	合肥	1.39	25	南宁	0.15
8	哈尔滨	1.19	26	昆明	0.12
9	福州	1.15	27	宁波	0.10
10	深圳	0.84	28	西安	0.01
11	成都	0.72	29	济南	0.00
12	兰州	0.71	30	杭州	0.00
13	乌鲁木齐	0.69	31	青岛	0.00
14	天津	0.68	32	长沙	0.00
15	武汉	0.57	33	太原	0.00
16	南京	0.51	34	南昌	0.00
17	西宁	0.48	35	贵阳	0.00
18	上海	0.38			

注：违约金额占比 = 违约金额/发行金额×100%。

资料来源：Wind。

地方政府债务通过弥补财政赤字、提供公共服务，对区域经济协同发展有积极的作用，但是过高的债务余额累积也抬高了资金的使用成本，导致政府需要承担更大偿债压力，削弱了融资的可持续性与弹性。结合财政支出角度能够看出，不断累积的债务会从通胀、利率、税收等方面产生对私人投资的挤出压力，加快风险的区域性扩散，从而对区域经济协同发展过程产生阻碍。此外，地方政府债务负担重，可能会逼迫地方政府通过区域经济协

同发展扩张财政收益、分散债务负担，由此会损害地方政府间建立的信任，抑制区域经济合作动力。

在区域经济协同发展过程中，金融风险自身也会由于更紧密的经济联系，在区域间传染性更强。地方政府制定债务融资的策略可能参考邻近区域其他地方政府的债务情况，这也导致债务风险在空间的传染性增大。如果出现债务危机，邻近地区的利益相关者可能比其他地区的避险情绪上升更高，在"羊群效应"作用下，可能会滋生区域性债务风险。

防范地方政府债务风险，首先要正确应对财政减收。如果财源减少，政府除了开拓新财源，加强收入征收管理、确保应收尽收，还需要减少违规优惠政策以充实财力。树立正确理财观，从地方财政可持续发展视角实现收支平衡。其次要实施跨年度收支平衡改革。如果将收支平衡的期限延长，促使政府积累盈余资金，制定科学合理规范的公共预算和政府性基金预算使用办法，则可以缓解政府债务压力。再次要多方共担改革成本。请求中央支持，申请地方政府发债限额向四市倾斜；通过国际金融机构申请政策性贷款；向政策性银行申请中长期特别贷款。最后要提升债务管控能力。请中央在社会保障、棚户区改造、剥离企业办社会等方面提供更多资金扶持。同时要加强投资管理，谨慎决策，创新投融资体制机制，强化股权融资力度。

针对企业信用债风险，一是要放弃兜底思维。政府兜底不但加大政府财政负担，而且会降低市场配置资源效率，使企业在发展过程中不注意以最大效率为经营目标，对债券违约缺乏敬畏感。二是要建立债券市场科学的信息披露机制，及时披露信息。准确和真实的信用评级能够有效保护投资者，防止债券风险恶化。三是要强化投资者风险意识，健全相关法律法规。四市可以通过投资者教育，减少盲目投资，避免滋生低级信用债券。一旦发生了风险，需要有规范的法律规制，尽可能保障投资者利益。

4. 中小金融机构信用风险

近5年来，东北三省的商业银行风险显著加大，东北三省近5年的不良率均高于全国平均水平，其中辽宁省的金融风险问题更加不容忽视，2019年已经达4.4%，远高于全国水平（见专表1－7）。一般而言，相较于大型商业银行，中小银行的金融风险问题更加严重。"沈长哈大"中小银行的风险点主要在银行资产质量、客户及行业集中度上。2021年7月30日，盛京银行的信用评级由AAA下调至AA＋，大连农商银行也首次被降低了主体信用评级，由AA下调至AA－。在资产质量上，近年来四市大量中小银行不良率出现上升，并且由于2020年核销不良贷款余额较大，同时盈利能力减弱，银行普遍减值计提不足，拨备覆盖率也

专表1－7　2011—2021年东北三省商业银行不良率　单位：%

年份	辽宁省	吉林省	黑龙江省	全国
2011	1.31	0.94	1.17	1.00
2012	1.20	0.80	0.93	0.95
2013	1.18	0.87	0.91	1.00
2014	1.46	1.14	1.55	1.25
2015	1.64	1.47	1.72	1.67
2016	2.09	2.68	2.04	1.74
2017	2.90	3.00	2.40	1.74
2018	4.10	3.10	2.30	1.83
2019	4.40	2.80	2.10	1.86
2020	—	2.22	2.30	1.84
2021	—	2.14	2.11	1.73

资料来源：中国银保监会。

随之下降。在客户集中度上，四市中小银行贷款集中度长期保持较高水平。以盛京银行为例，其前十大单一借款人的贷款额度约占资本净额的77%，远高于同期A股上市银行22%的平均水平。在行业集中度上，中小银行集中在房地产业、批发和零售业及制造业，且以大额贷款为主。新冠肺炎疫情对房地产市场的影响及房地产行业融资政策的趋紧，加之商业银行房地产贷款集中度限制政策的落地，提升了房地产市场的风险。虽然银行担保方式以抵押为主，但在经济不景气的情况下，抵押物可能处置困难，导致不良化解难度加大。

"沈长哈大"中小银行的创新能力不足，服务范围多有重合，同业金融联系较密切，因而中小银行间的风险会随着协同发展推进加速传导。未来四市最好能够协同联动，合作化解防范中小银行信用风险。主要从以下四个方面共同推进四市中小银行改革。

一是要明确市场定位，专注于服务地方经济。四市的中小银行在本地具有地缘和人缘等多方面优势，对地方经济结构、经济特色和发展战略较熟悉，定位于服务地方经济符合自身实际。因此，中小银行要彻底转变发展理念，防止盲目扩张和违规竞争，尽可能降低负债成本，以此提高盈利水平。

二是要解决垒大户和行业过度集中问题。四市中小银行要根据地方经济和中小企业实际，创新具有本地特色金融产品，分散客户，控制风险。同时，要强化贷款"三查"，对于已经发生的风险要加大不良处置力度，提高风险管理能力。

三是完善公司治理，提升社会形象。中小银行更需要完善"三会一层"职责定位，并落实执行。尤其是要加大对大股东的管理，防止大股东违规抵押银行股权和对银行正常经营进行不正当干涉。积极吸收优质股东参与银行治理，确保股东层稳定和有足够能力为银行补充资本，避免由于股东经常变动给银行造成声誉风险。

四是扩展银行资本补充渠道。四市的中小银行更应该重视内源性资本补充，在利润分配上要有积蓄，留足发展后劲，避免分净吃光。同时，在补充外源性资本时，地方政府可以视具体情况通过专项债、财政注资、引进战略投资者等方式为中小银行补充资本。监管部门也可以适当降低补充资本门槛，让更多中小银行通过资本市场、发行永续债等各类方式筹集资金，补充资本，提高资本充足率，以增强抵御风险能力。

5. 人口制约

从户籍人口来看，沈阳、长春和大连的人口规模较 2011 年实现了增长，但是哈尔滨户籍人口出现了减少，反映出哈尔滨的生育率下降、人口外流等问题可能比较严重。目前，哈尔滨对人才的吸引力还较弱，未来流动性强的人口还可能向东北南部迁移。从人口结构来看，由于统计口径不一致[①]，我们只能从四市的纵向时间序列来看（见专表 1－8），全国的劳动人口占比在十年间下降了 5.8 个百分点；而"沈长哈大"分别下降了 9.6 个、7.8 个、6.9 个和 10.2 个百分点，说明四市的人口老龄化速度快于全国平均水平，劳动力资源比较紧缺。从未来增长趋势来看，近十年四市的出生率均不到 10‰，远低于全国水平，说明四市未来存在人口减少的趋势，很可能面临人力资本不足的风险。

[①] 沈阳和大连劳动人口占比统计的是 18～59 岁的人口，哈尔滨和长春劳动人口占比统计的是 18～60 岁的人口，全国的劳动人口占比统计的是 15～64 岁的人口。

专表 1 – 8 2011—2020 年"沈长哈大"人口变化情况

类别	城市	2011 年	2012 年	2013 年	2014 年	2015 年	2016 年	2017 年	2018 年	2019 年	2020 年
户籍人口/万人	沈阳	722	725	727	731	730	734	737	745	755	762
	长春	762	757	753	755	754	753	749	751	754	853
	哈尔滨	993	994	995	987	961	962	955	952	951	949
	大连	589	590	591	594	594	596	595	595	599	602
劳动年龄人口占比/%	沈阳	69.6	68.9	67.9	66.5	65.2	63.9	62.6	61.5	60.8	60.0
	长春	70.1	69.1	68.7	67.6	66.5	65.4	64.7	63.8	63.1	62.3
	哈尔滨	70.8	70.3	69.4	68.3	67.1	66.1	65.6	64.7	63.9	—
	大连	69.0	68.1	67.2	65.9	64.4	63.1	61.7	60.6	59.6	58.8
	全国	74.4	74.1	73.9	73.4	73.0	72.5	71.8	71.2	70.6	68.6
出生率/‰	沈阳	7.7	8.7	8.0	9.9	6.7	9.5	8.8	8.0	8.4	6.7
	长春	7.7	9.1	8.1	11.1	8.9	9.4	9.6	8.4	8.4	6.8
	哈尔滨	8.3	8.7	8.3	8.6	6.2	7.0	7.7	6.1	5.6	4.8
	大连	9.4	10.2	9.2	10.4	7.3	8.2	7.5	7.5	7.6	6.0
	全国	13.3	14.6	13.0	13.8	12.0	13.6	12.6	10.9	10.4	8.5

资料来源：Wind。

人口作为重要的生产要素和消费市场决定量，人口减少和老龄化使区域经济协同发展过程中缺少了一个重要要素——人的流动。没有频繁的人员流动、信息交流，区域协同发展就没有了载体。人口负增长的问题对经济社会的发展具有非常重要的影响，要解决好需要全社会共同参与，是一项系统性的工程。

首先，要从经济结构调整层面出发，重要的指导方向为就业优先政策，需要重点考虑就业弹性系数的提高。一是在传统产业优化升级过程中，结合实际情况积极推进新兴产业的建设与发展，通过新模式、新产业及新业态吸引年轻人就业创业。二是经济维持重化工业平稳发展同时，积极推进轻工业的建设与发展，发挥出其就业"蓄水池"的作用。三是大力培育中小企业，激发小投资、小企业及小创业的就业吸纳效应。

其次，要高度重视本地人才。如果想吸引和留住东北本地高素质、高学历人才，就要尽力满足人才的物质生活与职业发展方面的实际需求，创造出更多的高薪酬工作岗位，使当地人才可以获得更多有前景的工作机会。在四市政府财力有限的约束下，面对人才竞争，政府要调整人才引进策略，把资源用于培育本地人才，以此来降低本地人才被挖走的风险，提升地区人力资本水平。

最后，要通过降低抚养成本和教育成本，提高生育意愿。可以通过放开生育限制、延长生育假期、让孩子更便捷入托入学等政策措施改善生育环境。

（二）"沈长哈大"协同发展机遇

1. 建立内部协同新机制

长期以来，东北地区政府间协调不够，存在着较大市场壁垒，区域产业同构和同质竞争的问题比较严重，一些跨区域规划设计难以衔接。虽然近几年有了很大改进，但与"双循环"要求相比，尚有较大改进空间。为了加强对东北振兴工作的统筹协调和督促落实，探索建立统一规划、合作共赢的新机制，2021年2月，国家发展改革委下发《关于建立东北振兴省部联席落实推进工作机制的通知》，明确在国务院振兴东北地区等老工业基地领导小组下，建立一个跨越三省一区的、对区域经济一体化统筹协调和督促落实的国家级具体工作机制。通过该机制的建立，"沈长哈大"需要加强协作、互通信息，解决具体问题，通过发挥联席工作机制作用，形成解决问题快捷迅速、配合密切的长效工作机制。东北如果没有这样一个超越各地区的国家级组织，让区域内部中的一方协调另外几方，或由几方自己组成一个协调机构，由于相互间没有职能权威，各方只能从本地区利益角度出发，这样的沟通模式说服力较低，也难以产生成效。京津冀、长三角、中部地区、成渝等一些区域在建立机制方面早有探索。这些区域通过在不同领域建立联席会议制度，在区域内部互通信息、相互配合、相互支持、形成合力，有效地推进了经济发展。此外，在我国加快构建新发展格局的大背景下，《东北全面振兴"十四五"实施方案》《辽宁沿海经济带高质量发展规划》等重要文件相继发布，"沈长哈大"有条件以以上政策为依托，更大限度地推进区域经济协同发展。

2. 产业链协同新机会

"沈长哈大"产业体系较为完备，市场空间广阔，足以培育出高水平的产业集群和企业。四市在新发展格局下推动东北全方位振兴，利用雄厚的工业基地，整合延伸产业链条，推进产业链上下游相互配套，支持优势企业互相承接、共同培育，形成优势互补、分工合理、布局优化的先进产业集群正当其时。

首先，习近平总书记从国家发展大局出发对东北地区作出的"五个安全"战略定位为四市产业协同发展提供了诸多机遇。为当好维护国家粮食安全的"压舱石"，四市要优化东北农业产业化布局。区域一体化能拉长东北农业产业链，整合优化农业资源。为维护好生态安全，四市可以围绕"双碳"目标协同推进生态型产业发展，通过统筹生态文化旅游资源保护开发，牢固祖国东北疆生态安全屏障。为提升四市在国家能源安全中的地位，四市需要统筹区域能源布局。可以聚焦能源关键技术与装备创新，强化与东北亚国家的能源合作。为了在维护全国产业链、供应链安全中发挥更大作用，四市可以通过打造协调、开放、创新的先进装备制造业体系和工业母机、船舶制造、航空制造等发展基础较好的优势产业集群，优化产业布局。

其次，中日韩产业布局调整契机为四市产业协同发展提供了外生动力。目前，逆全球化趋势不减，产业链、供应链呈现区域化趋势。加之新冠肺炎疫情的严重冲击，全球产业链布局调整进一步加快。在当前复杂形势下，加强与东北亚国家的产业对接，维护中日韩产业链、供应链稳定对我国尤为重要。四市在产业绿色转型及节能环保产业发展、汽车制造业产业链优势互补合作、应对老龄化的医药产业链延伸及合作等方面均具有一定优势和发展诉求。在当前百年未有之大变局下，协同推进与日韩产业合作、产业链衔接和延长，将会达到事半功倍的效果。

最后，四市皆有厚重的国有企业"家底"，在推动产业链协同迈向中高端上将会发挥重要作用。一方面，东北三省有条件以中央骨干创新企业为主导，提高地区产业链、供应链、创新链能级，同时延伸产业链，强化要素集聚，为新动能、新技术、新产业、新业态、新模式创造成长空间。另一方面，立足四市产业门类齐全、基础较为扎实的实际，四市中央企业与地方国有企业能够有效对接，促进资源共享、产业互融。中央企业和地方国有企业不仅可以根据所在行业和产业链情况，灵活采取横向、纵向、混合等多种形式开展合作，提高产业集中度，增强市场控制力；还可以围绕提升精密制造能力、质量管控能力、工程化产业化能力和装备工艺水平等地方传统产业转型升级重要方面展开合作，具备条件的企业可以通过产权合作、股权投资等多种方式深度合作，积极布局战略新兴产业。

3. 基础设施新面貌

近年来,"沈长哈大"互联互通程度有了显著提高,港口群、航空市场规模不断扩大,国际专列性价比不断提高。京沈高铁建成通车,哈佳、哈牡客运专线投入运营,北黑铁路提前开工。在新冠肺炎疫情前的 2019 年,沈阳、哈尔滨、大连机场旅客吞吐量均已突破 2000 万人次(见专表 1 – 9)。辽港集团航线网络不断丰富完善,外贸集装箱航线总数达 88 条,同时开辟了东北亚商品陆海联运新模式,构建起高效畅通的海上物流大通道。近几年,沈阳的中欧班列数呈几何式快速增长(见专图 1 – 10),2021 年沈阳中欧班列实现"三通道、五口岸"全覆盖,在 2022 年海运价格持续走高的情况下,沈阳中欧班列越发成为区域内重要的货运对外贸易渠道,吸引了越来越多的本地及其他地区货物。2022 年第一季度,沈阳海关共监管中欧班列 105 列,同比增长 36.4%。此外,哈尔滨到德国汉堡的哈欧班列,连接了朝鲜、韩国、日本和俄罗斯,全程 9820 公里,比海运送达时间短且货物安全性高,比空运成本合理,是国内目前具有较高性价比与商业价值的亚欧铁路路线。

专表 1 – 9 2017—2021 年"沈长哈大"机场旅客吞吐量

单位:万人次

城市	2017 年	2018 年	2019 年	2020 年	2021 年
沈阳	1734	1903	2054	1318	1392
长春	1166	1297	1393	936	1129
哈尔滨	1881	2043	2078	1351	1350
大连	1750	1876	2008	859	1037

资料来源:中国交通运输部。

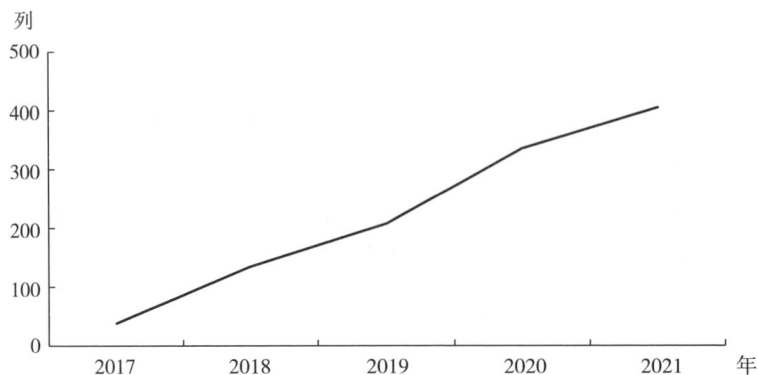

专图 1－10　沈阳中欧班列数

（资料来源：沈阳海关）

完善的现代基础设施网络是"沈长哈大"协同发展的先决条件和有力支撑。对内构建区域内外、城际、都市圈等不同空间尺度多层次的综合交通网络，有序统筹推进干线铁路、城际铁路、市域铁路、城市轨道建设；对外合力建设面向东北亚的国际大通道，加强港口间联动，构建统一的综合管理平台，建设功能完善、协调发展的通用航空体系，满足四市甚至整个东北地区通用航空业和关联产业发展的需要，有利于联动引领区域经济协同高质量发展。

三、区域经济协同发展中四市的功能定位

区域协调发展是目前经济稳定和快速增长的规律性现象，城市经济越发达，城市吸纳经济能量的集聚效应所带来的区位优势越明显，并将会对周边地区带来带动效应。所以，"沈长哈大"城市功能定位、集聚能量、联动发展是实现区域协调发展的关键。

（一）沈阳

1. 经济特点：重工业比重大，金融业发展较快，资源丰富

通过对比重工业和轻工业产值可以看出，沈阳重工业占据了绝对优势，甚至有的年份占到100%。特别是军工行业，在积极推进国防现代化进程中发挥出了非常重要的作用。沈阳的新松机器人公司是国内机器人产业的"领头羊"，是国际上机器人产品线最全厂商之一。新松使用机器人生产机器人，彻底变革了传统制造模式，打造了领先的智能化、数字化的高端智能加工中心。沈阳特变电工也已经逐渐成为在国际上享有知名度的装备企业。沈阳变压器集团有限公司1938年最初建厂，是特变电工的全资子公司，至今已生产了78年变压器和电抗器，成为我国历史长、技术强、规模大的变压器研发和制造基地。特变电工的特高压交直

流输变电科技产业园世界等级高、质量保障体系完备、生产环境先进、生产和试验设备高端，目前拥有具备高精尖水平的生产和试验设备 560 余台套。沈阳重型机械厂曾炼成了新中国第一炉钢水，创造了 1700mm 初轧机、25mm 自由锻造水压机、125mm 有色金属卧式挤压机等，合计创造了 40 多个"共和国第一"。

沈阳的金融业发展具备比较优势，2019 年沈阳的多项金融发展指标居于东北首位（包括存贷款余额、本地证券交易量、保险深度等）。专表 1–10 中的数据显示，沈阳金融机构数最多，长春最低，比沈阳约低 50%。分具体行业看，除了在期货业，大连依托大连商品交易所具有显著优势外，在证券和基金业方面，沈阳金融机构数远远超出其余三市，沈阳的证券公司数约为长春的 1.5 倍，基金公司数是哈尔滨的 3 倍多。

专表 1–10　"沈长哈大"金融公司数

单位：家

城市	金融公司	证券公司	基金公司	期货公司
沈阳	4918	117	193	22
长春	3381	81	152	12
哈尔滨	4190	94	63	11
大连	4408	91	71	42

资料来源：Wind。

沈阳位于辽宁省中部城市群中心，具有显著的地理优势，周围 150 公里半径中包括了煤炭基地抚顺等 7 座大型工商业城市[1]。沈阳联合这些城市正逐步形成经济联系紧密、市场空间广阔、发展态势向好的辽宁中部城市群，为工业企业发展奠定了厚实的资源基础。

---

[1]　7 座城市包含钢铁基地鞍山、煤炭基地抚顺、化纤基地辽阳、煤铁基地本溪、石油基地盘锦、煤粮基地铁岭、电力基地阜新。

2. 经济协同发展突破方向：建设国家中心城市

在东北振兴及"沈长哈大"区域经济协同发展过程中存在"无核心"状况，给统筹协调带来困难，因此建议参考长三角、京津冀区域合作规划，明确区域协同发展的核心城市。从区位和带动能力来看，将沈阳确立为国家中心城市具有现实意义，其在东北乃至东北亚的首位度、影响力也随之提升，有助于推动沈阳承担龙头城市的角色，率先创新发展，打造东北亚对外交往的门户、先进制造业中心、区域科技创新中心、现代物流枢纽、东北金融中心，成为东北振兴的新引擎。

专表 1 – 11 2021 年沈阳与 9 个国家中心城市的指标对比情况

城市	地区生产总值/万亿元	金融中心指数与排名	航空旅客吞吐量/万人	实际利用外资/亿美元	2020 年研发经费/亿元	进出口总额/亿元	一般公共预算收入/亿元	"双一流"大学数量/所
北京	4.03	262.08 (2)	5769	156	2327	30438	5932	34
上海	4.32	305.35 (1)	6541	226	1616	40610	7772	15
广州	2.82	85.48 (4)	4025	85	775	10826	1842	8
天津	1.57	61.62 (9)	1513	54	485	8567	2141	5
重庆	2.79	62.35 (7)	3742	107	527	8001	2285	2
成都	1.99	63.66 (6)	4447	79	551	8222	1698	8
武汉	1.77	53.68 (10)	1980	126	548	3359	2914	7
郑州	1.27	52.27 (11)	1895	49	277	5892	1224	2
西安	1.07	50.71 (13)	3017	87	506	4400	856	8
沈阳	0.72	37.74 (22)	1392	8	193	1416	773	2

资料来源：各城市统计年鉴、第 13 期《中国金融中心指数 (CFCI)》、2021 年全国民用运输机场生产统计公报、公开资料。

从专表 1 – 11 中可以看到，沈阳与国家已经批复的国家中心城市在经济总量、金融、交通、外贸、教育、科研、财政等方面还存在一定差距。但是从东北振兴国家战略需求方面看，东北地区有一个国家中心城市至关重要，而沈阳则具备基本条件。因此，建议沈阳申请国家中心城市，重点要在以下几方面发力。

第一，提高城市综合实力。坚持扩大经济规模，做优存量、做好质量，推动形成多点支撑、多业并举、多元发展的现代产业体系。在"十四五"期间，沈阳要达到地区生产总值提升与国家同步、城市居民可支配收入与经济增长同步，启动经济新动能，以数字经济带动重工业转型。一是要夯实工业数字化基础。政府投资开展宽带接入端口、通信基站等信息基础设施建设，提高互联网出口带宽，实现主城区及三县城区5G信号室外全覆盖，工业应用场景5G信号重点覆盖。二是建设高端制造业中心。提升汽车等产业能级，推动军民融合发展，促进传统制造业转型升级，全面提升装备制造业国际竞争力。加快新兴产业集群发展，做大做强机器人、新能源汽车、生物医药、医疗设备器械产业。三是推动工业信息化应用。加快5G与制造业深度融合，推动大型重工业企业开展"5G＋工业互联网"试点示范建设，扩建智能工厂（数字化车间）。积极推动建设智能制造及数字经济赋能基地、生产资料大数据交易平台、重点产业大数据平台等项目建设，引导企业"上云用数赋智"，增加上云企业数量，减少信息化建设和运维费用。

第二，增强城市综合承载能力。建设好区域性基础设施网络，由此形成集约、智能、高效的都市圈。建设东北亚商贸物流中心，通过经济腹地调动周边区域资源，发挥集聚辐射功能。建设综合立体交通枢纽，通过聚合中欧班列，布局建设综合运输体系，形成通达国内外的大通道，融入"一带一路"。加快城市基础设施数字化升级，提升城市综合承载能力。

第三，提升科技创新中心功能。通过构建科技创新链、人才支撑链和全民创业链三链融合的经验，实现全民创新创业战略。

围绕产业链打造创新链，构建产学研协同创新体系。发挥沈阳的科技城市作用，打造智能制造中心和材料科学国际研究中心。在促进创新方面，搭建平台、优化环境、支持和组织创新。要强化企业主体创新作用，形成一批能主导市场、代表东北地区形象、在全国范围内拥有较高影响力的领军企业。结合高校科研机构体制机制改革，推行科技成果知识产权混合所有制，允许单位和科研人员合作申报专利，发明专利权共享，激发创新活力，以此推动本地成果转化率进一步提高。创新科技成果转化模式，依托互联网，打造技术交易服务平台、专业技术经纪人、创新驿站、对接会等多样化新模式，促进技术转移协同合作。科技创新需要智力支撑，建立完善的人力激励机制，通过制定切实可行的细化政策，吸引、培养和留住顶尖人才、优秀企业家、高技能人才等人力资本。

第四，培育文化软实力。提高硬实力的同时不能忽视软实力培养。打造城市文化品牌、加强对外文化传播、形成具有时代特征的城市精神，推动文化产业发展。依托"夜经济"开展文化活动，通过"夜经济"为城市带来活力。

第五，增加城市影响力。深度融入"一带一路"，以国际产能合作为基础创建东北对外开放大通道和平台，将沈阳打造成"一带一路"桥头堡，办好自贸区，启动对外开放新引擎。沈阳可以联合其他三市，打造合作平台，对标先进城市群做法，复制一批改革创新举措，塑造东北新形象，共同扩大城市影响力。

（二）长春

1. 经济特点：汽车工业全国领先，新经济的先行者，物流枢纽

汽车产业在长春工业中占有重要比重，长春市政府大力支持

汽车产业发展，编制了《长春市汽车产业发展"十四五"规划》和《国际汽车城发展规划》，总体构建"一核双翼八带多园"空间布局，形成长春国际汽车城"一核"引领，汽车零部件和新能源发展翼、汽车电子和后市场服务发展翼"双翼"升级，"八带"① 提速，多园布局的汽车产业发展格局。长春汽车产业本身具有规模优势。长春市共有一汽红旗、一汽解放、一汽奔腾、一汽大众、一汽丰越5户汽车整车制造企业，近两年，随着红旗繁荣工厂、红旗长青基地扩能、一汽丰越扩能、解放J7智能车间等多个整车项目建成投产，本地整车产能从173.5万辆提升至204.3万辆，生产车型覆盖各级乘用车，中型、重型卡车和客车，持续保持在国内整车生产第一方阵。2020年，中车长客可变轨高速动车组已经下线，时速达400公里，为国内高端装备更好地"走出去"和"交通强国"战略提供了坚实的技术支撑。

长春新区聚集了互联网技术、航空航天、生物医药等诸多新兴产业，培育出长光卫星等一批龙头骨干企业。例如，2015年10月，酒泉成功发射了长光卫星技术有限公司的"吉林一号"卫星，该卫星是该公司自主研发的首颗高分辨率商用遥感卫星，是我国第一个以省的名字命名的卫星。继这次成功发射后，长光卫星公司又成功发射11次，28颗卫星被成功送入轨道，"吉林一号"卫星数量增加到25颗，建成了我国目前最大的商业遥感卫星星座。除了近年崛起的卫星产业，长春还拥有吉湾一号芯片、重组人生长素等一批世界领先科技成果。长春的生物医药和地道药材产业也独具优势，长春的人参产量高，正在逐渐打造人参加

---

① 八带指长吉平精密机械加工发展带、长吉松石油化工发展带、长吉辽轻量化发展带、长吉电子信息发展带、长平专用车发展带、长松白（城）延氢能源示范应用发展带、长梅通关键基础材料发展带、长（春）延白（山）长（白山管委会）汽车文旅发展带。

工产业集群。最近几年，长春实施战略性新兴产业发展三年行动计划，推进高端装备制造业、光电信息、生物医药、新能源汽车等新兴产业集群，推进集群发展、企业培育、项目建设、创新驱动、产业链壮大、"互联网＋"六大专项行动。经过十年的培育，2020年长春战略性新兴产业产值实现31.1%的增长，远超全市工业增速21.2个百分点，已经逐渐形成了拉动工业发展的新动力（见专表1－12）。

专表1－12　长春战略性新兴产业和规模以上工业产值同比增速

单位：%

年份	战略性新兴产业同比增速	规模以上工业产值同比增速
2011	31.1	22.9
2012	28.0	17.4
2013	—	10.7
2014	—	6.7
2015	5.7	－11.8
2016	11.8	8.6
2017	15.8	10.7
2018	15.9	7.2
2019	—	1.5
2020	31.1	8.5

资料来源：长春市工信局及其他公开资料。

长春近年来在物流枢纽建设方面积聚优势。2020年7月，长春获批东北唯一的临空经济示范区。该示范区在推动低环境风险产业与城市融合协调发展的基础上，打造以航空运输产业为基础、航空关联产业为支撑的产业体系。在此基础上，正在积极构建航空运输业、现代服务业、先进制造业融合发展的区域性航空枢纽。2020年10月，长春获批生产服务型国家物流枢纽[①]。现代

---

①　东北地区先后共获批四个国家物流枢纽，分别是营口港口型国家物流枢纽、长春生产服务型国家物流枢纽、大连港口型国家物流枢纽、满洲里陆上边境口岸型国家物流枢纽。

物流产业是国民经济发展过程中的重要产业，极具战略性、基础性与战略性。推进生产服务型国家物流枢纽的建设工作，将促使长春物流业降本增效，从"物流节点城市"逐渐转变为"中心枢纽城市"。该物流枢纽的核心区占地约1.55平方公里，由一汽智慧物流园区和长春中车长客物流基地两块组成，服务于汽车制造、先进装备制造、食品加工等多个产业集群。预计到2025年建成运营后，商品车能够达到120万台以上的发运量，集装箱可以承载超过8万标准箱的货运量，在铁路发运量所占据的比重大于60%。

2. 经济协同发展突破方向：发挥物流枢纽作用，推动以先进制造业研发为重点的新经济合作

长春在融入"沈长哈大"协同发展时，提高合作力度，增大合作范围，科学合理地梳理与设计重点产业链条，促使冰雪装备、光电信息和智能制造等现代产业、新兴产业与其他三市合作对接，在此过程中要充分发挥好长春生产服务型国家物流枢纽和临空经济示范区的重要作用。

首先，实现物理上相互连接，无缝对接。长春居于其他三市中间地带，通过轨道交通、公交专线、省级公交等方式，实现现有交通枢纽在空间上的相互连接，打破交通方式与行政区域隔阂，实现一体化运输。

其次，在此基础上，统一现有标准。以供应链体系创新企业为核心，纵向上开展供应链一体化作业，推行业务模式、作业流程、运行方案的标准化与一体化。

最后，发展数字经济与平台经济。建议在网络货运平台发展、智慧物流园区建设、物流技术创新应用、产业与物流融合发展等方面给予鼓励和支持。培育引进数字经济领域头部企业、具有总部经济功能企业、具有枢纽经济特征物流企业，推动现有大型数字经济企业、总部企业和物流龙头提质升级，扩大企业区域影响力。

（三）哈尔滨

1. 经济特点：农业，重工业城市，自然资源足，教育和冰雪文化之都

哈尔滨粮食产量占四市的 42%（见专图 1 – 11），哈尔滨的农业发展对全国农业的影响不可忽视。因此，哈尔滨近年来积极发展现代农业，持续为国家粮食安全和全国农产品供给提供有力保障。哈尔滨通过改造良田、优选品种，加快推进农业结构调整，提高了粮食生产能力和农业产业化经营水平。哈尔滨的主粮、非主粮、山珍等优质农产品已形成食品品牌集群，在市场打造了高端品牌的产品形象。

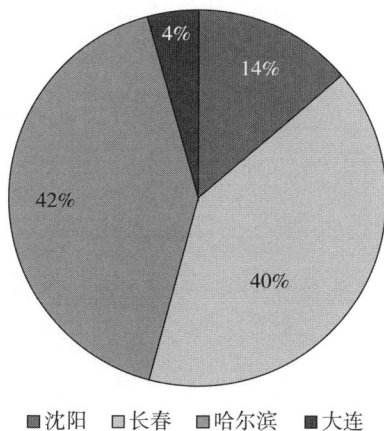

■沈阳 □长春 □哈尔滨 ■大连

专图 1 – 11 2021 年"沈长哈大"粮食产量占比

（资料来源：各市统计年鉴）

哈尔滨的三大动力——哈尔滨电机厂、哈尔滨汽轮机厂、哈尔滨锅炉厂，使哈尔滨成为东北三省重要的重工业城市。

资源方面，哈尔滨已发现63种矿产，其中25种可以应用到工业中，铜、煤炭等20多种矿产在黑龙江省的资源构成中占有重要分量。哈尔滨具有非常丰富的林业资源和种类繁多的植物，包括薪炭林、用材林、经济林、藻类植物和苔藓植物等，分布集中，经济价值高。

教育科研方面，哈尔滨工业大学是东北唯——所位于2020年亚洲大学百强榜单上的高校，该校在土木工程、力学、材料、计算机等领域的研究实力在国内属于顶尖水平。教育部数据显示，哈尔滨共有16所本科高校、21所专科高校、14所民办高校，其中，"双一流"建设高校有哈尔滨工业大学，此外，哈尔滨工程大学、东北农业大学、东北林业大学3所高校进入"双一流"建设学科名单，占全国的2.9%，高于其地区生产总值在全国GDP的占比，位于四市第一。对应的科技研发上，哈尔滨的授权发明专利数占四市的34%，位列四市第一。

哈尔滨市凭借独特的自然资源优势、深厚的文化底蕴和得天独厚的气候条件，入选国家第一批优秀旅游城市。《中国冰雪旅游消费大数据报告（2022）》调查显示，黑龙江在"2021—2022冰雪季冰雪旅游热门省份"中居于榜首，其中哈尔滨有连续举办23届的龙江冰雪传统品牌——冰雪大世界。2022年3月22日，黑龙江省印发《黑龙江省冰雪经济发展规划（2022—2030年)》，明确要进一步完善冰雪经济体系，大力推动冰雪体育、冰雪文化、冰雪装备、冰雪旅游全产业链发展，打造践行"冰天雪地也是金山银山"先行区、后冬奥国际化冰雪经济示范区。根据规划，哈尔滨将要建立智能高新冰雪装备器材研发制造集群。

2. 经济协同发展突破方向：建设先进制造业、现代农业和东北亚旅游中心城市

哈尔滨第二产业发展较弱，要实现经济高质量发展必须坚定不移地推动发展先进制造业。哈尔滨第一、第二、第三产业产值分别占11.7%、23.2%和65.1%，经济结构很不协调。哈尔滨依托4所"双一流"高校集聚的科教人才优势与高新技术开发优势及其丰厚的能源资源，有利于降低制造业成本，赋能先进制造业发展。基于这些优势，可以由哈尔滨牵头，联合沈阳、长春和大连推进先进制造业高质量发展。

第一，建设壮大先进制造业产业集群。积极对接国家创新驱动发展战略及集群发展战略，立足于本地优势，专注于一到两项界限分明的科技创新，以其本地根植性为聚集核，发挥创新对新旧动能接续转换、实现跨越发展的第一动力作用。此外，政府应兼顾传统产业优化升级和新兴产业培育扶持，统筹规划多元化产业布局，打破自然资源禀赋驱动的路径依赖所造成的锁定效应，同时兼顾大企业对产业发展起到的引领拉动作用和中小企业的创新发展活力，促进全产业链各类主体协调创新，提升发展稳定性和持续性。在产业选择上，哈尔滨可以优先打造装备制造业产业集群，装备制造业作为制造业的"脊梁"，有利于做实东北制造业基础，其协同发展对东北振兴意义重大。

第二，充分发挥四市技术优势，联合攻关核心关键技术和前沿技术，解决产业链"卡脖子"问题。优化技术创新资源配置可以通过集中四市优势创新资源和技术力量，联合形成便捷、高效的技术攻关体制来实现。哈尔滨可以与另外三市优质的研发机构、上市公司开展实质性技术协作，增强关键共性技术供给。通

过优化科研项目的管理制度，精准选择攻关项目及合作领域，构建共同承担科研责任、共享科研成果的机制，为先进制造业技术的发展提供有利条件。

第三，扶持发展先进制造领域的民营企业。鼓励民营企业投资，引导民营企业参与国家创新性技术研发、参与制造强市战略建设。一是优化产品结构，研发更多类型产品，提高产品效益，进而增加先进制造业产品附加值；二是优化供给要素结构，增强先进制造业的内生发展基础；三是推动国有企业和民营企业的融合发展，发展混合经济，增强不同类型企业发展的相融性、相助性和互补性。

第四，大力推动现代化农业发展。哈尔滨地处全国最大商品粮产地松嫩平原，推动发展现代农业将是哈尔滨在四市协同发展中的比较优势所在。一是要规划先行，做好顶层设计。站在全市高度，对农业产业发展指明方向，一方面要注重哈尔滨农业的优势产业发展，制定发展目标，构建现代特色农业产业布局；另一方面要注重产业的区域化布局，建设特色产业集群，给出每个产业集群在哪些优势地区发展的具体定位。二是要建设平台，促进三产融合发展。通过打造农产品加工平台，以农产品加工带动农产品种植、电商销售等产业。在此过程中，可以把建设示范区作为农业全产业链示范建设的先行区。三是要发挥龙头带动作用。重点扶持有优势、基础和前景的骨干企业，树立行业典范，扶持和培育有特色的支柱产业，促使龙头企业发挥开拓市场、技术创新、引导和组织区域经营主体和谐发展的重要作用。四是以品牌提升本地农产品知名度。大力实施"哈"字号农业品牌培育工程，委托专业农业品牌策划团队开展品牌策划，使用专项经费建设品牌，打造特色农产品区域公用品牌，提升哈尔滨农产品影响力和美誉度。在品牌打造的基础上，再通过举办和参加各类推介会、博览会等展会，线上线下相结合开拓市场，扩宽农产品营销渠道。

第五，打造东北亚旅游中心城市。首先，可以通过产业融合推进新型旅游业发展。文化、体育、养老、健康等行业融合将促进低空旅游、游轮旅游、房车旅游、康养旅游、体育旅游、医疗旅游、研学旅游、虚拟旅游等一批新兴旅游业态发展。其次，建设"互联网＋旅游"的智慧旅游景区。哈尔滨的景点要加大对外开放，必须要依赖数字经济赋能，如普及电子地图、语音导览等服务，打造数字展览馆，推动道路、旅游厕所数字化建设，推进"云旅游"、场景化建设。最后，要面向东北亚高水平开放。哈尔滨国际机场可以增设面向东北亚的国际航线，努力建成 4 小时飞行经济圈。在此基础上，一方面，哈尔滨要通过举办国际音乐节、体育节等节庆活动，加深与东北亚国家的文化交流，为对外开放注入新活力；另一方面，哈尔滨要通过参加进博会、服贸会等大型会展，积极展示本地资源和形象。

（四）大连

1. 经济特点：出口数据亮眼，海洋经济蓬勃发展

2021 年，大连地区生产总值占四市的 28.4%，占比最大；人均地区生产总值为 10.5 万元，位于四市第一（见专表 1 - 13）。大连经济最亮眼、最具特色的是出口，2021 年其出口份额占四市比重为 70%，远高于其地区生产总值占比，这主要源于大连的沿海地理位置优势和其拥有的港口群。从外商投资数据也可见端倪，大连凭借其出口优势，吸引的外商投资金额约为 16.7 亿美

元，约为沈阳的 2 倍、长春的 4 倍、哈尔滨的 5 倍（见专图 1 - 12）。

专表 1 - 13　"沈长哈大"地区生产总值占四市总和
比重及人均地区生产总值

年份	地区生产总值占比/%				人均地区生产总值/（元/人）			
	沈阳	长春	哈尔滨	大连	沈阳	长春	哈尔滨	大连
2011	29.1	19.7	20.9	30.3	72648	52649	42736	91295
2012	29.2	19.7	20.1	31.0	80480	58691	45810	102922
2013	28.8	20.2	20.2	30.8	86850	66286	50498	110600
2014	27.9	21.0	21.0	30.1	85816	70891	53872	109939
2015	27.7	21.0	21.9	29.4	87734	73324	59027	110682
2016	22.6	24.4	25.2	27.8	65851	79434	63445	97470
2017	22.5	25.0	24.3	28.2	70722	86931	57193	105387
2018	26.2	24.2	21.6	28.0	73473	95663	57837	92950
2019	26.3	24.0	21.3	28.4	77777	78456	55175	99996
2020	25.8	26.1	20.4	27.7	72936	77634	51597	94685
2021	26.3	25.8	19.4	28.4	79706	78166	56580	105046

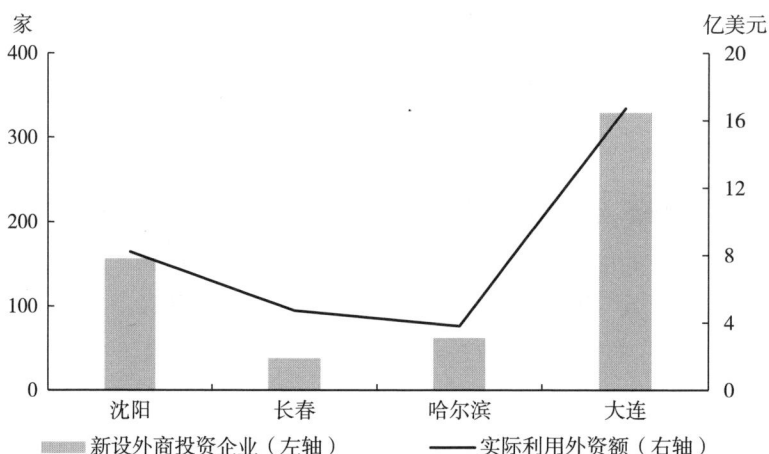

专图 1 - 12　2021 年"沈长哈大"新设外商投资企业和实际利用外资额

（资料来源：Wind）

海洋强国战略为大连建设海洋经济强市带来重要机遇。近年来，大连的海洋渔业、海洋船舶工业、海洋交通运输、海洋工程等海洋经济相关产业迅速发展，海洋经济的增长速度一直超过地区生产总值增速，基于此，全力推动东北亚海洋中心城市建设正逢其时。《大连港总体规划（2018—2035年）》提出，大连港未来将形成以"两岛三湾"为重点、其他港区为补充的总体发展格局。大连港在巩固集装箱、能源、商品汽车等货物运输枢纽地位的同时，将提升中转运输保障和服务能力，拓展现代服务功能，加快物流、贸易、金融等航运要素集聚，引领港口群转型升级。

大连市在推动智力人才资源融入海洋经济、带动大连建设高质量现代海洋体系、激发经济发展的"蓝色动能"方面也做了很多努力。大连通过搭建一系列合作平台，激发人力资本赋能大连海洋中心城市建设。例如，2020年以来，大连市科学技术协会与中国水产学会、大连海洋大学、辽宁海洋产业校企联盟签订了《环渤海区域渔业生产科技服务合作协议》；与中国造船工程学会等签订《船舶与海洋工程科技创新服务合作协议》。

2. 经济协同发展突破方向：在航运中心的基础上建设自由港，成为东北亚海洋中心城市

作为一座沿海港口城市，大连位于中韩自贸区，具有显著的海洋地理位置优势。但是，近年来大连港发展滞后，在全国排名中逐年下降，自2020年跌出全国十大港口。2021年，大连港货物吞吐量同比下降28.1%，位列第13名（见专表1-14）。2021年9月，国务院批复同意了《辽宁沿海经济带高质量发展规划》，给大连经济发展带来了新机遇。大连通过融合金融、创新方面的优势，建设世界级、高水平、高质量的港口群，是实现经济振兴的关键突破口。

专表 1-14　全国港口货物吞吐量排名

单位：万吨

排名	2021 年		2020 年		2019 年	
	港口	吞吐量	港口	吞吐量	港口	吞吐量
1	宁波舟山	122405	宁波舟山	117240	宁波舟山	112009
2	上海	76970	上海	71104	上海	71677
3	唐山	72240	唐山	70260	唐山	65674
4	广州	65130	广州	61239	广州	60616
5	青岛	63029	青岛	60459	青岛	57736
6	苏州	56590	苏州	55408	苏州	52275
7	日照	54117	天津	50290	天津	49220
8	天津	52954	日照	49615	日照	46377
9	烟台	42337	烟台	39935	烟台	38632
10	北部湾港	35822	镇江	35064	大连	36641
11	泰州	35291	大连	33401	南通	33620
12	江阴	33757	南通	31014	镇江	32916
13	大连	31553	黄骅	30125	黄骅	28761
14	黄骅	31134	泰州	30111	泰州	28243
15	南通	30851	北部湾港	29567	深圳	25785

资料来源：中国交通运输部。

第一，推行海洋强市战略。参考其他沿海城市的发展经验，统筹推进全市智慧海洋工作。大连也需成立海洋创新城市建设工作领导小组，发挥好区域联动作用，坚持规划先行。首先，明确港口岸线、功能等生产要素的最优配置方案；完成岸线利用规划调整，鼓励码头资源整合，提升岸线利用效率。在此基础上，稳定外贸支线，开通集装箱定班精品航线，吸引其他三市货物在大连港中转、换装，为面向东北亚的大连国际航运中心建设奠定基础。其次，强化政策引领。在人才政策方面，发挥大连市的城市宜居优势，创新人才引进及培养机制，建立海洋人才流动站，吸引创新创业团队和领军人才，培育和储备人才。在创新政策方面，可以对企业创新投入实施普惠性补贴，发展科技企业孵化器和建设新型研发机构，打造开放、活跃、高效的创新环境。

第二，整合资源，打造"智慧港口"。以港口集团"5G＋工业互联网"等项目入手，建设智慧港口创新实验室。5G和港口业务相结合，将大幅提升港口运营管理的智能化和自动化水平，如基于5G技术的无人驾驶集卡、实时巡检无人机、智慧安防等。在传统业务领域，可以推行集装箱设备交接单实现全流程无纸化流转，"提前申报""提前换单"，简化单证办理手续，提升通关效率和口岸服务水平。大力提升码头规模化、专业化程度，实现大型矿石运输船舶靠港数量迅猛增长。延伸集装箱服务功能，拓展高附加值业务，为集装箱航线提供有力的货源支撑。

第三，推动低碳，建设"绿色港口"。把握绿色低碳发展大势，加快港区码头提档升级。加强环保设施项目建设，新增、优化码头防风抑尘网，实现散货码头粉尘在线监测全覆盖；新建大容量岸电，完成小容量智能岸电升级改造；稳步推进岸电建设和使用，沿海港口非化工泊位尽早实现岸电全覆盖。

第四，创新引领。大连是一座湾区城市，湾区城市能够通过对外开放，促进信息和人才等创新要素集聚，催生出一批创新机构，产出大量创新成果，逐渐发展成极具影响力的创新中心，并带动城市竞争力的提升。在农业时代，为了满足货物装卸、运输和补给的需要，衍生出不同于农业生产方式的专业港口运输和服务业；在工业时代，伴随规模运输形成临港工业、贸易和金融等业态，并逐渐发展为主导产业；在后工业时代，大连要率先发展信息服务业和新兴商业模式，带动其他产业发展。

四、"沈长哈大"
区域经济协同发展建设的内容

"沈长哈大"区域经济协同发展要从建立新机制开始，以产业和市场协同发展为先导，然后延伸到金融、科研、基础设施、生态、东北亚经济合作等重点领域，逐步形成区域经济全面协同发展新局面。

（一）建立"沈长哈大"经济协同发展新机制

自党的十八大之后，以习近平同志为核心的党中央高度重视区域协调发展，东北地区经济协同发展战略显得更为重要，因此，"沈长哈大"实现协调发展，要基于基层实际做好制度建设，再由下至上完善顶层设计。制度建设是"沈长哈大"经济协同发展的重要保障，要避免站在各自城市发展的角度思考问题，共同解决制约区域经济协同发展的重复建设、产业同质、要素壁垒等问题。

首先，依靠顶层设计和衔接现有政策"两条腿走路"。可以在梳理哈长城市群、沈大合作交流备忘录、长吉图开发开放先导区等已有的城市间、城市部门间合作政策基础上，设计推动四市协同发展的新机制，如制定"沈长哈大"区域经济协同发展行动计划。在四市选择试点片区，在试验可行性以后，在全域内建立专项合作机制，共谋合作项目和事项。行动计划中明确决策层、协调层和执行层各自职责，在执行过程中，合作项目的各个参与主体须加强交流协商，提出具体合作措施，制定明确合作协议和计划并确保落实。此外，政绩考核指标部分调整，涉及四市公共利益的采取协同性考核。

其次，重建"沈长哈大"政府间联席会议制度。联席会议定期召开，积极提出自身的诉求，共同商讨找出具体矛盾的解决方案，研究决定区域合作规划，协调推进产业布局、应急处置、流域管理、生态协作、基础设施互联互通等区域合作的重大事宜，并根据合作的新精神调整合作章程的相关内容。可以在联席会议制度下，设立专门协调的办公室，建立常态化沟通机制，组织编制专项合作计划，并将主要合作项目进度情况上报联席会议。

最后，建立良好的利益补偿机制。如果要协调四市区域分工，有些区域就要输出自然资源甚至相对而言牺牲一部分生态环境，所以，通过建立生态共建、资源共享的补偿机制来协调各方利益十分重要。

（二）产业协同发展

经济利益是区域经济协同发展的基础，而经济利益依赖于产业体系的发展实现。"沈长哈大"产业同质化问题仍较为突出，地区产业结构相似系数较高。近年来，在汽车制造、新一代信息技术、智能终端等细分领域，各市政府竞相通过优惠、补贴方式吸引大企业入驻，竞争较为激烈，存在"零和博弈"问题，容易导致产业重复建设和效率损失。合作的目的是共赢，四市可以协同推进产业固强培新补短，并且解决好产业配套，推动四市甚至东北地区产业形成整体。通过对四市现有产业发展状况梳理，专图1-13中分别列示了四市共同、其中三市、两两之间以及各自具有优势的产业。总体来说，四市具有共同优势的产业较多，具备开展广泛合作的产业基础，四市可以在产业链上下游谋求合作，在合作中加强沟通交流，优势互补。

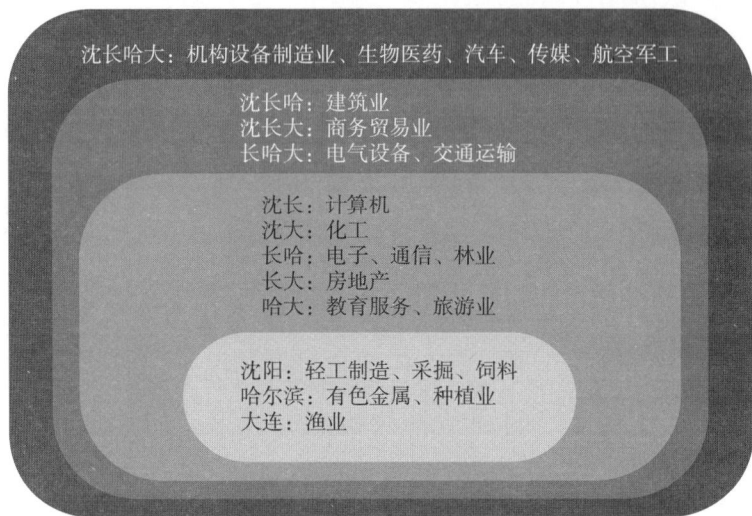

专图 1-13　"沈长哈大"优势产业

（资料来源：课题组整理）

一是规划引导产业发展。通过规划，明确四市产业发展定位，对重点产业领域发展方向和布局进行引导。指导四市联合打造一批优势产业链，培育有国际竞争力的先进制造业集群。支持四市着力提升产业协同水平，加快形成分工定位明确、产业链耦合度较高、供应链高效协同的现代制造体系。地区主导产业优先实现点状突破，通过扶持一些支柱产业，为其他产业发展提供引导，实现区域综合发展。

二是打造产业合作平台。"沈长哈大"可以坚持合作共赢、互惠互利、共融共兴的发展定位，务实推动关键合作平台的建设及发展，充分发挥产业联盟、行业组织、商会、协会的作用，助力产业发展。具体而言，以合作出资、共建项目、资源互补、技术支持等多种方式构建跨区域的产业联动开发区、产业技术联盟或双向产业转移平台，通过项目信息共享、合作举办招商推介会等方式，进行常态化协作联动。推动建立产业链上下游联动机制，明确产业转移和承接的重点领域、适宜区域及相应操作路径，引导全区域产业发展。针对成果转化问题，通过建立统一协调的技术交易平台，鼓励四市的科研成果实施互相登记，并通过多样化的交易方式、渠道及层次，加强技术市场与其他要素市场融合。

三是探索多元化产业合作方式。探索优势产业整合利益分享机制，建立四市产业转移项目输出地与承接地生产总值分计、对产业合作项目带来新增增值税和所得税等地方留成部分按一定比例在城市间分享等机制。从事生态环境建设、基础设施建设行业的优质上市公司，可以积极研究构建项目成本的分摊机制，还可以设立合作基金，分摊建设成本。此外，还可以建设产业供应链，以提高物流、仓储效率，提高产业附加值。

四是延伸产业链，打造"沈长哈大"产业发展轴。可以形成如下几条产业发展轴：第一条是高铁产业发展主轴。联合四市科技城，充分利用产业、资金、人才、高校、科研院所、大型企业等优势，围绕航空航天、轨道交通、生物医药、医疗设备、新能源汽车、畜牧业、特色农业等产业，打造"理论突破—科技研发—转化应用"创新链。第二条是海港发展主轴。依托海陆通道、自贸区、"一带一路"，围绕贸易、金融、运输等细分领域形成产业集群。第三条是绿色产业发展带。围绕农业技术、中药研发、绿色食品、文化旅游等领域，为服务东北生态保护、乡村振兴形成产业集群。第四条是文旅走廊。联合四市文旅、农业，聚焦东北文化，打造智慧文旅。此外，对产业链进行补链、强链及延链，其重点是发挥具备全产业链核心凝聚力的链长企业功能。

（三）市场协同发展

市场协同发展是区域经济协同发展的重要载体。根据《中共中央　国务院关于加快建设全国统一大市场的意见》，为助力国内大市场高效畅通和规模拓展、营造稳定公平透明可预期的营商环境、进一步降低市场交易成本、促进科技创新和产业升级、培育参与国际竞争合作新优势，"沈长哈大"应率先在四市之间建立高度协调的市场。推动在规则体系、创新模式、市场监管等治理层面共建共治；在流通设施、市场信息和信用体系等信息流通层面互通互认。推动商品市场、劳动力市场、技术市场等要素在区域间自主流动，实现高度协同的开放市场。

一是开展商业设施投资合作。围绕全国流通节点城市布局规划，共同建立重点商业项目合作招商和商贸流通建设合作招商，推动市场布局合理化，为企业跨区域投资提供便利。

二是共建供应链发展平台。长春和哈尔滨作为全国供应链创新与应用试点城市，联合沈阳，建设一批连接跨区域流通与生产的供应链协同平台、资源高效整合的供应链交易平台和专业化的供应链综合服务平台，充分发挥流通先导性作用。

三是打造市场协作的展会平台。建立"沈长哈大"会展业合作机制，将促进经济循环、帮助企业开拓市场、培育特色品牌作为展会工作重点，打造一批特色展会活动，共同合作列出项目清单，四市互邀企业参展，充分发挥展会服务实体经济和流通创新的作用。

四是推动疫情下的市场应急保供合作。后疫情时代，面临各类突发风险，四市市场应急保供合作变得更加重要，可以建立市场信息合作网络,基于该网络共享市场信息和合作分析未来形势。建立四市生活必需品市场应急保供协调机制,指定重点商品名录,发挥企业作用,确立应急商品货源采购基地,制定跨区域采购调运流程和合作工作预案,以此保障市场平稳运行。

五是推进要素在四市间自由流动。创建开放、统一、高效的土地、技术、资本、劳动力、能源、生态环境等各类生产要素和资源市场,有效对接全国统一市场,力争统筹规划,优化布局,合作实施,健全多层次市场体系,引导生产要素跨区域自由有序流动。

六是协同优化营商环境。优化营商环境应该是四市发力重点。目前四市的法治化水平不一、政策不一致,统一的市场体系尚未成形,营商环境评估的指标体系缺乏四市的特点,应对新业态和新模式的市场监管手段较少。建议以政府为主导,市场参与与评价为重点,梳理四市的规章制度,建立协同发展的执法依据、程序和规范,统一内容,加强政策协调,降低制度环境差异性。对照世界银行标准制定分工承担相关指标分项,终极目标是打破地域、行业、企业间约束和壁垒,建立四市统一的市场主体准入条件、标准、程序和体系,构建四市互认的市场信用评价机制,营造各类企业平等竞争的市场环境。结合四市政务服务特色,建立统一的"负面清单",改变跨区域的办事流程,增加异地办理事项数量。

(四) 金融协同发展

新冠肺炎疫情发生以来,地方金融机构借助科技手段突破经营区域的规则限制,金融要素的跨区域流动增多,在此情况下,四市可合作监测和引导金融资本的流动,共同防范金融风险。

一是四市地方金融管理部门建立监管合作机制。监管合作机制要保证规范性和透明性，订立监管合作的触发条件、执法证据效力互认、风险监管措施和行政处罚措施的统一标准。例如，当某市监管机构发现跨区域非法集资行为时，其监测信息会自动发送到另外三市的金融管理部门，各市管理部门接收到信息后及时反馈案件进展情况等。

二是形成区域内金融分工互补。沈阳可打造成为东北金融资源集聚中心，金融深化改革高地；长春可重点发展新金融和保险创新等金融领域；哈尔滨可大力发展绿色金融和普惠金融；大连可以大连商品交易所为基础，打造成为东北亚区域性金融中心。在形成合力的优势基础上，四市合作建立国家金融创新试验区。

三是推动金融要素和金融工具市场协同发展。支持大连将大连商品交易所建设成为国际一流交易所，打造成具有国际影响力的大宗商品定价中心和风险管理中心，提升重要大宗商品的价格影响力。四市可以吸引省内外期货经营机构在东三省开展"保险＋期货"服务"三农"业务，推动涉农企业参与"保险＋期货"服务"三农"，壮大东三省金融市场实力。

四是探索以区域经济协同发展为依托的供应链金融建设。相关政府部门可以运用信息技术，联合核心企业、金融机构建设信息流、物流和金融流合一的动态数据供应链体系。重点支持"沈长哈大"平台式产业母基金发展，打造若干以龙头上市公司为核心、产值规模大的优势新兴产业链，带动下游产业资本和金融资本，完善产业布局，形成良性互动。

五是共同建设良好金融生态环境。出台四市通用的完善的社会信用条例，通过立法协同实现信用一体化。将工商、税务、海关、法院、公安、信访、政府服务热线等政务信息及相关企业信息接入金融风险监测系统，通过对大数据库综合分析，整合梳理企业信用信息，有效降低企业融资成本。

六是协同发展绿色金融。探索设立横向生态保护补偿金融专业服务机构，为补偿地开展生态补偿提供专业信贷、保险、结算、咨询等服务。四市可共同组建绿色金融发展联盟，鼓励补偿地企业购买环境污染责任险。此外，还可以加强环境权益类交易机构协同，通过云平台协调企业治理和行业规范问题，提升协同力和运营效率。

（五）科研协同创新

贯彻新发展理念必须要抓出技术创新的"牛鼻子"。从专表1-15可以看出，相较于国内城市群的重点城市，"沈长哈大"的研发经费支出占地区生产总值的比重较低。考虑到四市高校及科研机构的研究能力高于城市群中多数重点城市，四市的研究投入可能还远远不够。四市可以优化科技力量布局，健全协同创新机制，充分利用创新资源的外部性，共同推进关键核心技术和新兴应用技术联合攻关，打造具有竞争力的科技创新城市群，进而形成具有影响力的科技创新经济带。

专表 1-15 2018—2020 年主要城市研发经费支出
及其占地区生产总值比重

单位：%

城市	2018 年	2019 年	2020 年
西安	5.10	5.17	5.05
苏州	2.78	3.64	3.78
杭州	3.25	3.45	3.59
武汉	3.30	3.20	3.51
南京	3.07	3.32	3.48
成都	2.56	2.66	3.11

续表

城市	2018 年	2019 年	2020 年
广州	2.63	2.87	3.10
大连	2.56	2.85	2.95
沈阳	2.77	2.64	2.94
宁波	2.60	2.70	2.85
青岛	2.58	2.51	2.48
郑州	1.80	2.04	2.31
哈尔滨	—	1.77	2.29
合肥	1.92	2.01	2.12
长春	0.90	1.14	1.26

资料来源：各城市统计年鉴和公开报道。

第一，建设以沈阳和大连为创新中心基点的联动创新示范区，搭建协同创新发展平台。在沈大国家自主创新示范区的基础上，长春和哈尔滨依据地理区位、发展特征和产业优势设立创新中心，打造飞地模式，共建科创中心。"沈长哈大"通过建设从事基础研究的国家科学中心、国家重点实验室、提升产业竞争力的国家技术创新中心等平台来健全区域创新体系、研究重大科学问题、积累人力资本，产出具有行业影响力的标志性成果。在此基础上，逐步明确合作方式，固定合作渠道，提供委托研究、联合攻关、信息服务、技术检测、产品设计、成果孵化等创新创业服务，辅之以对研发和使用高新技术实施激励和示范应用的政策，把人才、项目、技术留在东北。

第二，发挥四市大专院校、科研院所较强的优势，强化跨区域产学研合作，从政府为主导转为多元主体共同推进。通过市场化手段使协同创新各类主体获得实际利益，激发科创一线部门的活力。加强高校、科研机构知识创新的龙头作用，支持建设区域内高校、院所、园区、企业等开放共享产学研平台，支持四市人才联合申报国家重大项目。组建利益共享专家评审委员会，对各方参与科技创新一体化的利益得失进行测算评估，对资源输出方和技术溢出方进行必要的补偿和奖励。

第三，构建"沈长哈大"人才"朋友圈"。创新需要的是具备宏大格局的系统思维能力的战略科学家、具有原始创新和超强想象力的原创科技人才、能把握未来科技和产业发展态势的创新人才。根据猎聘大数据研究院发布的《中高端人才就业现状大数据报告》，无论是新发职位数还是中高端人才平均年薪，"沈长哈大"皆未入围前二十，说明人才引进是四市共同的薄弱环节。未来要开展四市人才协同发展理论研究，联合制定共建共享人才新高地行动方案。采取"清单制责任制"方式，启动引领性、标志性合作项目。建立统一的人才评价制度，分级分类推动四市高层次人才评价、职称、技能等级、外籍人才居留等方面互认。建立紧缺人才清单制度，共建东北籍在外高端人才数据库，组团参与四市重大引才活动，重点吸引科技、投资、营销、创意等方面人才；推行院士专家产业园、工作站和周末工程师等模式，鼓励弹性引才用才。建立人才公共服务共享机制和人才兼职兼薪制度，探索流动岗位的工作机制。四市联合建立高层次人才储备库，定期发布紧缺人才需求报告，拓宽人才招聘渠道。

第四，建立需求驱动的协同创新链。四市政府要加强规划和引导，借助各个相关领域市场化、专业化的倡导机制和力量，建立需求驱动的协同创新链，推动创新链产业链深度融合。以汽车产业为例，发挥沈阳和长春科技资源和资本的优势，发挥哈尔滨和大连在劳动力、土地要素方面的优势，引导科研机构的创新围绕市场需求热点和产业空白点，集中力量联合开展针对发动机、新能源动力、轻量化材料、智能驾驶等领域的技术创新，争取在较短的时间内实现关键技术突破，并实现产业化。

第五，成立"沈长哈大"产权市场发展联盟。沈阳联合产权交易所、吉林长春产权交易中心、哈尔滨产权交易所、大连产权交易所具有各自独特的优势：沈阳的国有企业产权交易，长春的金融资产、技术产权交易，哈尔滨的大宗物资及保险采购交易，大连的涉诉资产、民营和个人资产交易各具特色。在上述产权交易基础上，建立四市产权市场发展联盟，更好地发挥四市交易平台的市场功能，扩大交易量，帮助各类生产要素资源流动突破地域限制，在更广阔的范围内实现自由流动。

第六，支持"沈长哈大"重大科技项目联合建设。将"沈长哈大"具有全国影响力的重大科技需求、平台、项目和政策加入国家科技创新规划或国家中长期科技发展计划。联合向国家争取重大科技创新政策倾斜，联合攻关、开发和推广应用重大项目、创新项目，特别是发展轨道交通、集成电路与新型显示、新一代网络技术、软件与信息服务等与现代产业相关的重大项目。在航天航空、生态修复等自身具备学科特色优势的领域集中力量承担国家重大科技任务、项目、工程。在"十四五"时期建设完善科学设施，吸引国家重大创新资源增量落地四市。

第七，建设开放创新实验区。利用辽宁自贸区、长春中韩国际合作示范区、黑龙江自贸区的先行先试制度优势，抓住 RCEP 和中韩自贸区机遇，在技术、人才、资本、数据等领域扩大对外开放力度，推进人员流动、科技合作、产业合作改革，促进创新创业。加强与京津冀高技术产业园区战略合作等多领域合作，保障产业协同合作、联动发展。

（六）基础设施协同建设

基础设施建设是东北经济振兴的基础，是"沈长哈大"要素市场流通的动脉。四市城市群的建设应从交通通达提出或重大交通工程建设开始，基础设施建设范围涉及铁路交通、公路交通、轨道交通、航运交通及空中交通的立体化交通体系，四市的区域基础设施还包括 5G 技术在内的通信基础设施。交通通达度的提高会使四市产生一定的虹吸效应，使要素更多地流向四市，四市的经济差距较小，经济发展各具特色，因此基础设施的联通发达将为四市带来更大的经济效益。

一是加快陆海联运通道建设，构建协同开放发展格局。加快东北的陆海联运通道和枢纽工程建设，打通物流运输网络，实现跨区域资源共享。沈阳地理位置重要，集聚与疏散能力强，应该成为客货航空枢纽中心，向北连接蒙古国和俄罗斯，向南连接长三角，向东连接日本和韩国，向西可与京津冀战略协同。特别要重视港口资源的整合，宁波和舟山这两个港口联合成为一个港口后实力大增，目前在国内仅次于上海港。大连港具有得天独厚的优势，环渤海有多个港口，周边的多个港口资源整合很重要，整合的方式及整合后的体制机制更为重要。通过整合提升能力、提升实力，成为东北振兴的重要支撑，这是目标。通过整合纳入大连自由港统一规划，打造真正的北方航运中心、物流中心和开放高地。

二是要按照中央对现代综合交通运输体系的规划，做到"沈长哈大"间或者与重要节点城市间实现 2 小时内通达。在此基础上，探索同城化交通服务，推行不同客运方式客票一体联程和不同城市一卡互通。目前，四市同城化都市圈的建设已经有了一定的基础，沈阳、长春和哈尔滨已经实现 2 小时通达，但是大连到沈阳、长春和哈尔滨的高铁时间均超过 2 小时，大连与其他三市的联通是未来要解决的重点。

三是增加线路深度融入"一带一路"。在中欧班列的基础上，联动大连的海港、沈阳和长春的国际陆港、哈尔滨国际航空枢纽，以及沈阳国际客货航空枢纽规划，建设面向国内、东北亚和欧洲的物流通道，融入"一带一路"。除了已有的从满洲里、二连浩特对接"一带一路"，可以增加东北连接新疆对接"一带一路"运输线路，在扩大开放的同时产业援疆，促进国内国外经济双循环。

四是发力新基建，搭建四市政府间合作的信息管理网络系统和平台。以计算机联网为平台，探索电子政务、电子商务、政府信息公开，建立行政效能电子监察系统，推进通信管线和网络的互联互通。

（七）生态保护协同发展

在高质量协同发展的要求下，促成在打好环境保卫战上形成合力，不断增加四市环境治理合作内容，丰富合作方式，完善合作机制。当前四市均处于转型期、环境敏感期、环境问题高发期和环保意识升级期的叠加状态，要在经济发展中考虑到水、大气、土壤等方面相互影响，跨界治理、协调联动，实现可持续发展，促进生态资源向生态资本转变，打造美丽绿色东北名片。

一是建立生态补偿机制。"双碳目标"将对产业结构产生重要影响，对环境治理提出了更高要求。水资源方面，规划和建设"北水南调"工程，为了解决东北西部缺水和辽河水资源枯竭问题，建设引松花江入辽河工程。下游对上游的跨界补偿，可以探索建立以市场为主体的长效生态补偿机制，探索多元化的政府间横向补偿机制，借鉴国内外生态补偿成熟经验，确定补偿范围和标准，创新补偿方式。

二是发展环境友好型新兴产业。四市可以充分挖掘资源底蕴，帮扶发展旅游等新业态，如休闲农庄、体育赛事、主题度假酒店、特色民宿等。四市可以开展文史资料协作，创作一批有感染力、有影响力的新时代红色经典，推出跨省文化旅游大环线，吸引国内外游客。可以在招商引资、数据库建立、项目策划与包装、业态专题培训等方面合作。

三是推进大气污染协同防治。在"双碳"目标的大背景下，污染防治的关键是实现区域大气环境信息互通，统一节能减排、污染排放、产业准入和淘汰等标准、统一气象扩散模型和推演方法，共享分析研判成果，确保区域环境空气质量持续改善。严格执行能源消费总量和煤炭消费总量控制并推进煤炭高效清洁利用，加快调整能源结构，增加清洁能源供给。

（八）共同打造面向东北亚经济合作新趋势

国际贸易环境的变化和我国新发展格局的实施，将对沈阳、长春、哈尔滨、大连区域协调发展带来深远影响，RCEP 的签署给东北振兴和深化对外开放与合作带来难得机遇。沈长哈大位于东北亚中心位置，四市面向东北亚的对外开放正逐步形成一定程度差异化发展格局，辽宁的两座城市沈阳和大连与日本的对外贸易往来具有比较优势；长春依托中韩（长春）国际合作示范区在与韩国的外贸往来上具有比较优势，哈尔滨基于地缘优势在与俄罗斯的交往合作上具有比较优势，四市协同促进，合作发展有利于共同筑起东北面向东北亚的开放合作新高地。

国家批复设立的大连金普新区，哈尔滨新区、长春新区、辽宁和黑龙江自贸区、中韩（长春）国际合作示范区等，将在东北开放中担当重要角色，也为四市实现以国内大循环为主、国内国际双循环双促进新发展格局奠定了重要基础。据不完全统计，四市有 23 个各具特色的国家高新区、经济技术开发区、高新技术产业开发区等重点平台①，可在新区、园区、平台建设方面，强化平台之间协调，提升平台层次，成为四市整体经济、科技、金融等要素市场对外开放高层次平台，形成东北全方位振兴和面向东北亚地区域开放的新引擎。

要以四市为重点，"一带一路"为载体，建设面向日本、韩国、欧洲综合交通大通道，将四市资源要素有效形成连接，促进要素快速流动，提高效率。可以建设以大连港为起点的东北北极航道和欧洲港口通道；以渤海各港口为起点，通过陆路途经蒙古国及欧洲的陆地通道；以沈阳国际客货航空枢纽建设为起点，途经满洲里再到俄罗斯乃至欧洲通道；长春贯穿中国、蒙古国、朝鲜等的大图们江国际通道；哈尔滨在推进陆海丝绸之路经济带的发展中打造的绥芬河至满洲里、俄罗斯、欧洲各国的铁路和远东港口陆海航运通道。

---

① 沈阳市有国家级文化产业示范区、国家级光辉现代农业示范区、沈阳金融商贸开发区、中国（辽宁）自由贸易试验区－沈阳片区、国家级文化和科技融合示范基地、中德（沈阳）高端装备制造产业园、沈抚改革创新示范区、沈阳高新区；长春市有长春汽车经济技术开发区、长春国家农业高新技术产业示范区、中韩（长春）国际合作示范区、长春新区、长春高新区、长春净月高新区；哈尔滨市有哈尔滨新区、中俄合作产业园、中以合作产业园、中国（黑龙江）自由贸易试验区－哈尔滨片区；大连市有大连太平湾合作创新区、中国（辽宁）自由贸易试验区－大连片区、大连高新区、大连金普新区、中日（大连）地方发展合作示范区。

专题 二

东北地区网状北水南调
战略研究

摘　要

水资源是人类一切生活和生产活动的基础，没有水资源，人类将面临灭顶的危险。美国前副总统哈里斯曾说，过去很多年，好几代人是为了石油而战，而在不久的将来，他们将会为水资源而战。随着气候恶化和全球变暖，水资源在国民经济发展、人类福祉和生态保护中的作用越发重要。而对于每个国家而言，其水资源的储量是相对恒定的，在这一背景下，通过技术手段和工程建设优化水资源的时空配置，提升水资源利用效率，就显得十分关键。

相比于世界其他国家，中国是一个严重缺水的国家，我国人均淡水占有量仅为世界人均的1/4，且空间分布极不均衡。北方地区人口占全国总人口的43.2%，水资源总量只占17.1%①。自2000年以来，随着我国经济的快速发展，各地区工农业活动愈加活跃，城市化进程持续推进。社会的发展带来用水量的激增，2000—2020年，用水量增加了9.52%。面对这一情况，我们既需要提升国民和企业的节水意识、发展节水技术，更需要优化水资源的配置，提升用水效率。习近平总书记曾指出："自古以来，我国水情一直是夏汛冬枯、北缺南丰，水资源时空分布极不均衡。跨流域跨区域重大引调水工程的建设在社会经济发展和生态环境保护方面发挥了重要作用。"

东北地区是新中国成立以来最早建立起来的以重工业为主体

---

① 王熹，王湛，等. 中国水资源现状及其未来发展方向展望［J］. 环境工程，2014，32（7）：1-5.

的工业基地，大、中型工业城市密集，人口集中、工业发达，同时又是国家重要的商品粮基地，工农业发展基础较好。随着新一轮东北振兴的推进，习近平总书记从国家发展大局出发对东北地区的战略定位作出重要指示，"维护国家国防安全、粮食安全、生态安全、能源安全、产业安全"，而水资源作为基础性的自然资源和战略性的经济资源，对于五大安全战略的实现和保障至关重要。近年来，随着东北地区经济社会的发展，对水资源的需求不断增加，这就使得东北水资源时空错配的情况愈加明显。具体而言，相对于其他地区，尽管东北地区水资源储量较为丰富，但季节调配上，受气候影响丰歉不调，而在空间配置上，发展速度较快、人口集聚、工农业发达的地区，水资源需求量大，但缺乏有效供给，一旦受到旱年和自然灾害等影响，则会对当地经济社会造成巨大冲击。

通过对东北地区整体水情分析，可以发现，北部地区水资源储量十分丰富，两条主要河流黑龙江和松花江的年径流量分别达到 3465 亿立方米和 762 亿立方米，黑龙江省的水资源总量为 1511 亿立方米，人均水资源占有量为 4017.54 立方米/人，是全国平均水平的 1.93 倍；但南部地区缺水情况却十分严重，主要河流辽河的年径流量仅为 126 亿立方米，辽宁省的水资源总量仅为 256 亿立方米，人均水资源占有量为 587.76 立方米/人，仅占全国平均水平的 1/4 多，辽宁省全境尤其是辽西地区常年受到干旱灾害的影响。面对这一水资源总量丰富但时空错配的情况，调水工程建设是盘活区域整体用水最为有效的措施。因此，通过与相关领域专家沟通、实地调研、资料收集及各类方案对比，课题组一致认为，"十四五"时期东北地区亟须推进网状北水南调的调水工程战略，具体意义、布局、分析和对策建议如下。

一、东北地区水文概况

从自然供给来看，中国东北地区水源储量较为丰富，东北三省的人均水资源占有量为 2446.01 立方米，不仅高于全国平均水平，更是远高于北方省份的平均水平。但随着城市化和工业化的发展，东北地区存在较为显著的水资源时空分布和供需不匹配等情况，尤其早期粗放式增长过程中存在水资源浪费和污染等问题，导致东北地区水资源矛盾较为突出，而这也进一步地对东北全面振兴及可持续发展造成相应的影响。

（一）东北地区水资源储量及时空分布情况

东北平原主要分为南北两部分，北部为松花江和嫩江流域内的松嫩平原，而南部则为辽河流域下的辽河平原，其主要河流有黑龙江、松花江、嫩江、辽河等，其中黑龙江是中国和俄罗斯的界河，也是东北地区径流量最大、流域面积最广的河流，全长5498 公里，流域面积为 184.3 万平方公里，其中中国境内部分为3474 公里，流域面积为 88.7 万平方公里，年径流量为 3465 亿立方米，是黄河的 7 倍之多。松花江是黑龙江在中国境内最大的支流，主要流经黑龙江省和吉林省，流域面积为 55.72 平方公里，全长 1927 公里，年径流量达到 762 亿立方米；嫩江为松花江北源，发源于内蒙古境内大兴安岭伊勒呼里山的中段南侧，其干流流经内蒙古自治区、吉林省和黑龙江省，全长 1375 公里，流域面积达到 4.1 万平方公里。

综合来看，东北地区水资源储量较为丰富，但辽宁省、吉林省和黑龙江省之间的水资源配置差异较大，呈越往北水资源越丰富的情况。从人均水资源量来看，辽宁省仅为930.8立方米/人，吉林省为2418.8立方米/人，黑龙江省则达到4419.2立方米/人（见专表2－1）。根据2020年的全国平均水平2239.8立方米/人，辽宁省不足全国平均水平的一半，吉林省与全国平均水平相差不大，而黑龙江省则几乎为全国平均水平的两倍。

专表2－1 2020年辽宁省、吉林省和黑龙江省的水资源储量情况

省份	水资源总量/亿立方米	地表水量/亿立方米	地下水量/亿立方米	地表水与地下水资源重复量/亿立方米	人均水资源量/（立方米/人）
辽宁省	397.1	357.7	115.2	75.8	930.8
吉林省	586.2	504.8	169.4	88	2418.8
黑龙江省	1419.9	1221.5	406.5	208.1	4419.2

资料来源：中国国家统计局。

从用水和供水量来看，辽宁省虽然总体用水量和人均用水量最少，但工业用水和生活用水均远超吉林省和黑龙江省，而后两者的用水量则主要集中在农业用水，这与辽宁省、吉林省和黑龙江省的产业结构和人口数量密切相关（见专表2－2）。

专表2－2 2020年辽宁省、吉林省和黑龙江省的供水与用水情况

单位：亿立方米

分类	辽宁省	吉林省	黑龙江省
地表水供水量	72.9	79.5	182.9
地下水供水量	50.8	36	129.4
其他供水量	5.7	2.3	1.8
农业用水量	79.6	83	278.4
工业用水量	16.9	10	18.5
生活用水量	25.4	13.3	14.9
生态用水量	7.4	11.4	2.3
人均用水量	303.1	485.7	977.6

资料来源：中国国家统计局。

结合东北三省的经济发展情况来看，水资源分配与经济发展情况并不匹配，尤其是存在北部水资源丰富但未得到有效利用的情况。辽宁省的地区生产总值几乎是吉林省和黑龙江省之和，但水资源可用量却远低于后两者（见专表2-3）。这一方面表明了辽宁省经济进一步增长可能受到水资源短缺的制约，另一方面也体现了吉林省和黑龙江省的产业结构和经济发展需要进一步转型，以提升水资源在经济增长中的可利用效能。这为辽宁省、吉林省和黑龙江省在水资源调配与深化经济交流方面提供了合作的基础。

专表2-3 2020年辽宁省、吉林省和黑龙江省的经济发展情况

	辽宁省	吉林省	黑龙江省
地区生产总值/亿元	25114.96	12311.32	13698.5
第一产业增加值/亿元	2284.61	1553	3438.29
第二产业增加值/亿元	9400.91	4326.22	3483.51
第三产业增加值/亿元	13429.44	6432.1	6776.7
人均生产总值/元	58872	50800	42635

资料来源：中国国家统计局。

另外，从水资源的季节配置来看，辽宁省、吉林省和黑龙江省的水资源丰歉季并不相同。对于辽宁省而言，由于整体水资源较少，其缺水的原因主要是由于其位于大兴南岭东麓，西部大西洋暖流无法达到辽宁形成降水，而东部季风也无法深入并且存在年度降水不稳定的情况，这就导致辽宁省几乎每年都会出现旱灾，尤其是辽西地区的锦州、葫芦岛、朝阳、阜新和盘锦等市。辽西地区的用水主要集中在农业和生态方面，是辽宁省的粮食产区集中区域，而当地由于矿产资源较为丰富，遗留了多处矿产资源开采后的尾矿和废弃矿区，水资源的短缺也使这些区域的土地无法得到有效治理，从而出现土地荒漠化和水土流失等自然灾

害。这些情况可能呈现蔓延的趋势，会加大周围土地的治理成本，而水资源的短缺也使生态治理中存在"巧妇难为无米之炊"的情况。辽西地区的缺水季节主要集中在夏季和秋季，由于这一时期是农业生产的用水集中时期，用水量的增大和降雨的不足，使干旱灾害主要发生在这一时期。辽东地区的缺水期也主要集中在夏季，由于辽东地区人口较为集聚、城市化发展水平高、工业较为发达，夏季是工业生产和居民用水的高峰期，有的年份甚至出现居民供水无法满足的情况。但从吉林省和辽宁省的情况来看，夏季和秋季是其主要的汛期，干旱情况几乎不存在，但洪水灾害却时常发生，这一方面由于吉林省和辽宁省降水主要集中在夏季和初秋，另一方面是由于夏季气温较高，纬度较高的河流出现融雪等情况，导致了水资源集中增加。由此来看，水资源丰沛的吉林和黑龙江省的汛期与水资源短缺省份辽宁省的旱期几乎重合，若能够形成较好的调水机制则将有效地调丰补歉，平衡辽宁省、吉林省和黑龙江省间水资源多寡的良性分配，从而减少不同类型的自然灾害。

（二）东北地区的内河水运与出海情况

整体来看，东北地区的内河水运是南北割裂的状态，北部地区的干流主要为松花江和嫩江，向北通往黑龙江，出海口主要为图们江出海口，但该出海口设施老旧，可容纳的船只吨位较低，而且出海的通关管辖并不隶属于中国，而是由俄罗斯掌控，这使我国北部区域大宗贸易商品出海效率极低，有时甚至需要货船经过一段陆路运输后再进入水运出海，这大大降低了东北北部地区依托海运贸易的效能，使北部地区的大宗商品仍主要依托于铁路运输。但现实情况是，在运输大宗商品时铁路运输成本要远高于航运。有关资料显示，从哈尔滨运送货物到大连，其陆路运费竟然比从上海到纽约的海运成本高 4 倍；从运时上看，吉林和黑龙江两省以往通过火车将货物运到丹东或大连港，再海运到日本，至少需要三四天时间，而从图们江口到日本的新潟港只有 500 多海里，货轮十几个小时就可以到达。因此，对于东北北部的内河运输，一方面，需要探索朝鲜等图们江新的出海港口，与俄罗斯的扎鲁比诺港形成竞争态势，从而倒逼其进行设备和通关审批等改革，以提升效率；另一方面，则需要打通东北南北部内河运输的通道，从而向南开拓新的出海口，这虽然对于向日本运输的货物仅存在成本优势而缺乏时间优势，但对于南向东南亚和东南向欧美等区域的货物运输则兼具时间和成本效益。

（三）新一轮东北振兴与水资源的关系

习近平总书记曾八次前往东北地区考察，并强调："东北地区是我国重要的工业和农业基地，维护国家国防安全、粮食安全、生态安全、能源安全、产业安全的战略地位十分重要，关乎国家发展大局。新时代东北振兴，是全面振兴、全方位振兴，要从统筹推进'五位一体'总体布局、协调推进'四个全面'战略布局的角度去把握，瞄准方向、保持定力，扬长避短、发挥优势，一以贯之、久久为功，撸起袖子加油干，重塑环境、重振雄风，形成对国家重大战略的坚强支撑。"水资源在东北地区的盘活对于新一轮东北振兴至关重要，本部分将从东北五大安全的战略定位着手论证东北振兴与水资源的内在关系与逻辑。

一是国防安全与水资源。东北地区是我国重要的国防建设基地，不仅具有大量的军工企业，而且是许多国防科技实验室、研究机构、高校的集聚地，其整体国防建设的发展都需要充足的水资源进行保障和支撑，若无法持续稳定地供应充足的水资源，则将会对国防科技研发和生产的进程造成迟滞，可能会出现更换选址或从外部运送水源等情况，不利于国防安全的维护。

二是粮食安全与水资源。东北地区是我国粮食主产区，对于农业发展和粮食种植而言，水资源的有效供给至关重要，尤其是辽宁西部地区，本身水资源就十分稀缺，而且其缺水期正好与粮食种植需水期相重合，这对于当地农业的发展十分不利，而对于北部地区而言，虽然干旱灾害几乎不存在，但洪水泛滥所引发的涝灾也十分不利于粮食种植和农业安全。另外，北部地区虽然水资源较为充足，但由于纬度较高，粮食生长周期长，粮食单位面积产量相对较低，而辽宁省和吉林省虽然相对温暖，可种植的作物和理想状态下的产量相对较高，但由于水资源的缺乏，许多农业生产无法进行。从水资源与粮食安全协同发展的角度来看，应对水资源的不平衡，一方面可通过调水和季节性地调丰补歉来实现水资源的有效控制和高效利用，另一方面则是通过研发新粮食和农作物品种，以适应干旱等恶劣的自然环境。但研发新品种需要高额地投入，并且具有研发成效的不确定性。我国在农作物的研发中取得了一定的成就，但即使能够进一步研发成功抗旱型作物，市场接受度、整体单位面积产量和投入稳定性仍不确定。此外，水资源供应的短缺也会对土壤肥力造成负面影响，长期缺乏水土涵养供给，将会使土壤肥力大幅下降，最后导致无法继续投入农业生产的恶果。因此，从粮食安全的角度来看，水资源在区域间的合理调配十分重要和关键。

三是生态安全与水资源。水资源与生态安全的联系可以从多个层面进行分析。首先，植被生态建设与水资源密切相关，植被生态建设与水资源是相辅相成、互相供养的关系，持续稳定的水资源供应能够有效地涵养水源、保持水土，并为植被生态建设提供基础，而植被建设和生长将充分发挥对土壤的涵养和保持作用，从而形成良性循环。反之，若土壤长期缺水，则原有植被也将遭到破坏，甚至最终导致水土流失的情况。其次，东北地区矿产资源丰富，在矿产资源开采结束后，需要对尾矿和废弃地进行整合，从而实现生态景观建设、植被建设，或用于农业生产等。但从目前东北地区的情况来看，许多开矿后的废弃地由于水资源的缺乏而被荒废或出现盐碱化、沙漠化等情况，并呈扩大态势。水土保持综合治理与水资源密切相关，不仅关系到水文、土壤、生物等相关系统的平衡，同时更是植被生态系统改善恢复的关键，是生态建设的基础。水土保持综合治理究其本质就是加强植被生态建设，一方面充分发挥植被生态对水土保持的调节作用，另一方面积极提高水土保持对植被生态的维护作用。另外，水土保持对水资源有积极的影响，特别是在复杂植被生态区域，其生态建设的效果将更为显著。由此可见，水资源的有效供应和合理配置对于生态安全保护十分关键。

四是能源安全与水资源。美国原副总统哈里斯曾说，过去很多年，好几代人是为了石油而战，而在不久的将来，他们将会为水资源而战。相比于石油等矿物能源，水不仅能够直接发挥能源效应，同时还有着对其他能源的间接效应。首先，从直接效应来看，随着科学技术的快速发展，氢能源的使用和存储逐步得到认可和推广，而水是提取氢能源的主要原料，后续随着相关科技的进一步突破，氢能源的使用和提炼将更进一步发展，这就大大提升了水作为直接能源原料对于能源安全的意义。其次，对于其他矿物能源的开采而言，水资源能够发挥有效的协同和基础性效应，尤其是随着全球可用淡水的减少，东北地区作为我国重要的矿物能源区，充足的水资源对于其有序开采铁矿等资源至关重要。

五是产业安全与水资源。水资源对于辽宁省尤其是辽东地区具有最为关键的意义。辽东地区是东北地区经济增长和产业发展最具优势的地区，并且也是人口集聚程度和城市化水平最高的地区，无可置疑的是，任何产业的发展都离不开水资源的供给，而人类离开水资源也无法存活，因此，产业和人口的集聚都需要充足的水资源。从目前辽东地区的发展情况来看，其水资源的利用效率不高，并且市场受到水资源缺乏的困扰，有的干旱年份甚至出现居民用水都无法满足的情况，这意味着，辽东地区经济和产业发展很可能受到水资源短缺的制约。因此，从产业安全的角度来看，无论是企业生产，还是居民从事经济活动，都需要水资源长期稳定的发展，而水资源的合理配置也是新一轮东北振兴的必由之路。

二、东北地区网状北水南调在 整个东北亚区域的战略意义

东北地区网状北水南调工程的建设对于整个东北亚而言具有非常重要的战略意义，主要体现在：改变东北内部水资源时空错配的现状，开拓水路航运空间，增加可利用土地面积，工程长期经济效益显著，激发东北亚短期和长期经济增长效能。

（一）改变东北地区水资源时空错配的现状

在时间配置上，受季风性气候和用水需求季节变化影响，东北地区季节性缺水的情况显著，尤其是自 2000 年以后，随着经济社会的快速发展，东北地区进入干旱频发的阶段，且干旱持续时间增加、影响范围广、损失严重，尤其是辽宁西部干旱发生频率极高、强度极大（见专表 2－4）。

专表 2－4 辽西地区各气象站点不同干旱持续时间发生的频次

单位：次

站点名称	连续干旱月数				
	3 个月	4 个月	5 个月	6 个月	7 个月
朝阳	17	7	0	0	0
阜新	12	3	2	1	0
黑山	13	4	3	1	0
建平	19	1	1	3	0
锦州	9	2	2	2	0
绥中	14	4	1	1	1
兴城	12	2	0	0	2
彰武	11	2	4	0	0

资料来源：何鑫，吴吉东，李颖，冯玉. 基于 SPEI 的辽西地区气象干旱时空分布特征 [J]. 干旱区地理，2017，40（2）：340－347.

在空间上，东北地区水资源储量北多南少，辽宁省人均水资源量为 587.76 立方米/人，仅为黑龙江省的 14.6%；水网分布上，辽宁省仅辽河和浑河两条主要河流，年平均径流量分别为 126 亿立方米和 30 亿立方米，而北部仅松花江年径流量就有 762 亿立方米。从水量与经济和人口的匹配来看，辽宁省的地区生产总值和人口分别占东北地区的 49.13% 和 43.23%，但水资源总量却仅占 11.26%，空间配置失衡情况十分严重。

东北网状北水南调工程建设可以调丰补歉、调洪补旱，实现水资源配置时空上的优化。调水工程的建设不仅能够将北部丰富的水资源引入南部，有效解决空间上水资源配置的不均衡问题，同时，水网和蓄水池的建设能够增加缺水地区的水资源储量，应对季节性缺水问题。

（二）开拓水路航运空间

连接松花江与辽河的运河航道若能打通，将有效降低东北三省大宗商品的内河运输成本，增加新的出海通道。建设松辽运河能够实现黑龙江、松花江、辽河与海运的整体畅通。目前，我国东北地区货物从图们江出海完全依赖于俄罗斯的扎鲁比诺港，即"借港出口"。由于该港口的垄断地位，存在费用高昂、时间慢、效率低、运力不足等诸多问题。扎鲁比诺港的港口虽然为不冻港，但基础设施老化陈旧。图们江入海口本身水量较少、通路狭窄，运力严重不足。通关效率低、拥堵的情况屡见不鲜。由于该港口的地理位置特殊使其处于垄断地位，无须进行扩建和维修就可以收取高昂的服务费和接驳费，这成为中国东北地区出海运输的"卡脖子"难题。打通松辽航运能够改变和优化整个东北三省的水运格局，尤其是黑龙江省和吉林省的水运货物主要为南向市场需求，货物从辽河出海将有效降低成本，提高效率。

（三）增加可利用土地面积

可充分缓解辽宁省耕地旱情严重的情况，调水改土的结合也将增大可利用土地面积，对于保障粮食安全和生态安全意义重大。长期以来，辽宁省尤其辽西地区旱情十分严重。根据我们测算，现有耕地用水缺口为 15 亿~20 亿立方米；因缺水而造成水土流失面积为 4.22 万平方公里（其中耕地面积 1.54 万平方公里），该部分土地的治理所需水量约为 85 亿立方米/年；另外，辽西地区因缺水未利用的土地①面积为 4029 平方公里，② 对该部分土壤改造用水每年大概需要 45 亿立方米水。调水工程的建设将有效推进土壤改造并提升土地利用效率，按 2019 年 6964 公斤/公顷的粮食单产水平计算，水土流失耕地的有效治理将至少增加 107.29 亿公斤粮食产出，若按照利用土地改造后的 50%用于粮食生产，则可增加 14.04 亿公斤粮食产出，即辽宁省粮食产出整体将提升 57.29%，这对于保障粮食安全意义重大。同时，水资源的引入能够使得辽西等地区因矿产资源开采而废弃的土地得到有效治理，并扩大绿化面积，生态环境也将得到大幅改善。

（四）工程长期经济效益显著

从工程建设的经济效益来看，东北地区网状北水南调工程技术难度低、成本可控、主要依靠自流、水量充足，对受水区的经济带动效应显著。由于东北地区整体地势平坦且北高南低，调水

---

① 该部分土地主要为因缺水而导致的土壤干旱、盐碱化、荒漠化或沙化等。

② 张雪英. 1990—2020 年辽西地区土地利用变化及驱动力分析［J］. 无线电工程，2021，51（8）：711-719.

工程建设难度小、成本低，主要依托自流，并且水源地黑龙江年径流量为 3465 亿立方米，相当于 6 个黄河，水量充足。建成后对受水地的经济长期发展而言效益十分显著，尤其是辽东地区是东北工业发展水平最高的地区，水资源桎梏的突破将大大激发其工业增长的潜能。

（五）激发东北地区短期和长期经济增长效能

东北地区网状北水南调水网工程不仅在建设期具有显著的投资带动和就业增加效应，并且建成后受水地产业的发展，也将形成长期稳定的就业增量，对于盘活东北地区的国民经济发展意义重大。在投资带动方面，作为一项大型水利工程，东北北水南调的投资带动效应贯穿钢材、水泥、砂石、电力和汽柴油等上游原材料采购—工程机械、运输车辆等施工中间环节—防洪、供水等下游产业的全产业链。在劳动就业方面，工程建设过程需要大量的劳动力和专业技术人才，具有极强的就业吸纳能力，而且具体施工人员主要是农民工，能够有效拓宽农民工就业渠道、增加农民的非农收入，这部分暂时性就业预计可持续 10～15 年；另外，工程建成后，受水地农业用地的增加、工业产能的提升，也将形成长期稳定的就业增量。

三、大型调水工程建设的国际经验

近年来，气候变化及人类开发活动加剧了水资源及陆地水生态系统的压力，受降水、季节、年际、极端气象事件量级和频率变化等因素的影响，全球淡水时空分布不均的趋势正在持续扩大。此外，受工业、农业和城市污染的影响，水质正在不断恶化，导致可用水资源量变得越来越少，如果任其发展下去，到2030年全球供水缺口占比将达到40%。

调水工程建设已成为许多国家实现水资源优化配置的最优选择。到21世纪中叶，预计世界人口将达到98亿人，其中66%将居住在城市①。为确保人类福祉可持续，必须有充足和质量达标的水资源。虽然海水淡化和绿色基础设施②等水增量方案是可行的替代措施，但在具体实践中，大型水利工程基础设施的建设仍然是许多国家的首选。全球现有34个大型调水工程③，76个在建、拟建或规划的大型调水工程，总投资预计超过2.7万亿美元。

从国际对比来看，中国事实上是调水弱国。据不完全统计，国外调水工程总调水量为5968.8亿立方米/年，约占世界河川总径流量的1.4%，主要集中在五大调水强国。它们是加拿大（国土面积998万平方公里，人口3706万人，耕地66.67万平方公

---

① 谷丽雅，侯小虎，张林若. 浅谈国外跨流域调水工程现状、机遇和挑战［J］. 中国水利，2021（11）：61 – 62.

② 指一个相互联系的绿色空间网络，由各种开敞空间和自然区域组成，包括绿道、湿地、雨水花园、森林、乡土植被等，这些要素组成一个相互联系、有机统一的网络系统。

③ 根据Oleksandr等的界定，大型跨流域调水工程至少需满足建设成本至少达到10亿美元、调水距离至少达到190千米、年调水量至少为2.3亿立方米中三个条件任意一项。

里，调水 1410 亿立方米/年）、印度（国土面积 298 万平方公里，人口 135000 万人，耕地 153.33 万平方公里，调水 1386 亿立方米/年）、巴基斯坦（国土面积 88 万平方公里，人口 19700 万人，耕地 22 万平方公里，调水 1260 亿立方米/年）、俄罗斯（人口 1.45 亿人，原耕地 121.6 万平方公里，调水 722.5 亿立方米/年）、美国（国土面积 960 万平方公里，人口 33000 万人，耕地 166.67 万平方公里，调水 1342 亿立方米/年）。五国调水量总和占世界调水总量的 80% 以上。而根据周天勇教授估算，中国实际调水为 390.29 亿立方米/年，人均调水量仅 29 立方米/年，分别为美国和印度的 30.85% 和 28.16%。

因此，作为一个缺水且水资源配置不均衡的大国，我国应该积极开展优化区域水资源配置的大型调水工程建设。而世界调水工程的建设过程中面临的诸多问题及解决经验，能够为我国东北网状北水南调工程的具体论证、规划和建设提供有益经验。

（一）美国加利福尼亚州的北水南调工程

美国加利福尼亚州（以下简称加州）的繁荣与发展离不开北水南调工程的支持。加州地处美国的太平洋沿岸，是美国人口最多、农业最发达的州，同时其经济实力也居美国各州第一位①。加州的繁荣离不开得天独厚的地理环境和便捷的海路交通，但除此之外，以北水南调为主体的水利体系建设，无疑是加州经济高速发展、社会高度繁荣的一个最大支撑和保障条件。

---

① 2018 年加州地区生产总值总量超过 2.9 万亿美元，这意味着如果把加州视为一个独立经济体的话，它的经济规模将排在德国之后，位列全球第五。

1. 工程动因及概况

加州北水南调工程建设的动因包括水资源南北分布不均、人口集聚导致供需矛盾，以及当时的调水工程无法满足现实诉求。首先，水资源南北分布不均。加州最重要的河流萨克拉门托河发源于北部，全长 615 千米，流域面积超过 7 万平方公里，年平均径流量为 270 亿立方米，而南部科罗拉多河虽然水资源充沛，但根据美国西南七州分水协议，加州每年仅能抽取 54 亿立方米。加州降水也呈现典型的北多南少的特征，北部年均降水量可达 1000 毫米，而南部仅为 250 毫米，部分地区甚至不足 50 毫米。其次，人口的快速膨胀导致水资源供需矛盾。19 世纪中叶开始，随着金矿的发现，加州涌入了大量的淘金者，1849 年加州人口增至 10 万人，1852 年突破 25 万人。人口的快速增长和矿产资源的发现带动了城市化和工业化的发展，尤其是随着石油工业的兴起，洛杉矶成为美国西部最繁华的城市之一。1945 年以后，第三次科技革命的兴起又促使大批移民涌入了地理条件得天独厚的加州，到 1960 年前后，加州超过纽约州而成为美国人口最多的州，其人口总数从 1940 年的 700 万人增长到 1600 万人，其中超过 2/3 的人口居住在旧金山湾区、洛杉矶和圣迭戈等沿海地区。人口的快速膨胀导致供水需求量增加，以及耕地面积和农田灌溉规模扩大，在这种情况下，加州的水资源供给日趋紧张，而水资源空间的分布不均使加州南部的缺水状况要比北部严重得多。也就是说，为了使加州南部，特别是洛杉矶能够持续发展，就必须找到一条可靠的水源。最后，当时进行的水资源开发和调配工程难以满足现实需求。虽然当时加州政府采取了一系列措施，如开采地下水、洛杉矶水道工程和科罗拉多河水道工程，但要么作用甚微，要么因为对当地生态环境造成了严重破坏而被迫停止，并未能够真正满足加州南部的用水需求。

加州北水南调工程规划、勘测和建设周期共计 23 年，调水规模为 52 亿立方米/年。建设周期方面，1950 年加州长期供水规划中提出了兴建加州北水南调工程的设想，1951 年州议会立法批准兴建此工程；在经过了长达 6 年的勘测设计后，加州北水南调工程于 1957 年开工建设，1968 年建成水源工程奥瑞维尔水库，1973 年建成总干渠并投入使用。具体路线方面，加州北水南调工程的水源来自北部的费瑟河流域，流域内高山融雪和降水经河道汇流到上游的奥瑞维尔水库；当需要水时水库放水，经费瑟河、萨克拉门托河流入旧金山市附近的三角洲河口地区，再由抽水泵站扬水进入加州调水渠道，供水到旧金山湾区、圣华金河谷和南加州等缺水地区。调水规模及水源分配方面，加州北水南调工程供水目标以城市为主，兼顾农业灌溉，向 2500 万人提供生活、生产用水，灌溉 3237 平方公里农田；调水工程纵贯加州南北，设计调水规模 52 亿立方米/年，其中城市供水量占 60%，农业供水量占 40%；调水总干渠自班克斯泵站至佩里斯湖全长 710 千米，其中明渠段长 620 千米，隧洞、倒虹吸和管道长约 90 千米；全线 7 级提水，渠首引水流量约 292 立方米/秒，总扬程 1150 米，年均抽水用电量约 122 亿千瓦时，水电站年均发电量约 76 亿千瓦时。[①]

2. 主要经验及启示

（1）主要经验。美国加州北水南调工程建设过程中，在资

---

① 吴泽宇. 有力促进美国西部经济发展的加州北水南调工程［N］. 中国水利报，2007 - 02 - 02（00C）.

金运作、矛盾解决、运行调度和安全把控等方面积累了丰富经验。首先是资金运作。加州北水南调作为一项大型的社会公益工程，建设时间久、投资巨大，加州成立水资源局，通过走向市场的方式维持工程运行良性循环，在加州调水工程开工前，用水户已基本确定，随后又以合同的形式将这一供求关系长期固定下来（70年不变），为加州调水工程未来的管理奠定了坚实的基础。其次是用法律解决各类矛盾。加州调水工程从建设到运行管理，存在很多复杂的矛盾。如水源调出区的利益、供水与环境保护、工程征地、与垦务局协调圣路易斯水库的共同建设与共同使用问题、与用水户联合会的供需矛盾、水费收取及管理问题、推出"水银行"计划中涉及的矛盾和利益问题等，这些问题全部根据合同和协议来协商解决。合同一经签订，双方在合同的框架下安排工作，有了矛盾按合同条款处理，达不成一致意见的由法院裁决，不论是加州水资源局还是联邦垦务局，都和平民百姓一样受法律和合同的严格制约。再次是工程运行调度方面。加州调水工程由加州水资源局总调中心统一调度，包括总干渠上的全部控制建筑物的操作和所有分水口门的调度。分水口门以下的调度交给各用水户联合会进行，运行初期由总调中心拟定调度指令，然后发往分控中心执行，目前，总调中心已经可以实现对整个工程的实时自动监控。最后是安全把控方面。加州北水南调实际运营过程中，满足用户的需水要求和保证渠道安全往往是矛盾的，因为用户希望工程能够按照需求供水，但需求的变化所引起的水面波动将不利于混凝土衬砌渠道安全，加州政府以安全第一为原则，创新"水银行"式的系统调度规则，大大提升了水资源利用效率。

（2）对东北北水南调的启示。东北北水南调的工程建设和管理需要在宏观统筹的基础上遵循市场化和法治化的原则。大型调水工程的建设与管理具有公益性强、投资量大、建设周期长、运行管理复杂等特征，单纯依靠政府进行管理很难发挥其应有的效率和合理解决纠纷，因此，应当建立政府统筹，市场化运营的管理和建设模式。例如，在资金筹集方面，可借鉴加州北水南调中与未来水用户签订合同的方式，东北北水南调中的工业和居民用水可与用户直接签订调水合同，而农业用水则可将受水地的现有土地资产和改土可增加的土地资产作为抵押进行资金筹措。

美国加州和东北地区具有南北水资源配置不均，且发展较快地区水资源较少的相似性，从长期来看，对于这类本身缺水且用水需求较大的区域而言，建设大型调水工程是最优选择。首先，对于本身缺水的地区来说，开采地下水的水利工程将使得原有的自然环境遭到破坏，生态脆弱性陡升，不利于水资源供给的可持续性。其次，用水需求大说明该地区具备人口集聚、工业发展较快或农业发展水平高等条件，其经济发展具备较高潜能，若仅仅通过小型水道建设从周边少量取水，将无法满足经济社会延展的长远诉求。因此，在区域内建设大型调水工程实现水资源优化配置是东北地区经济长期均衡发展的最优选择。

（二）跨国界河流调水的问题及经验

由河流沟通联系的流域盆地是一个独立的地貌与水文体系，但是两个或多个国家常位于同一个流域以内，共享同一河流的水资源，因此导致国与国之间的矛盾与冲突。东北网状北水南调战略的主要水源地黑龙江是跨中国、蒙古国和俄罗斯三国的国际河流，而在涉及国际河流调水问题时往往存在较大的阻力，需要从国际上汲取一定的经验。

1. 跨国界河流调水的案例及争端解决方式

由于各国水权制度的差异和国际法在处理水资源争端中的不完善，跨国界河流的调水问题十分复杂。从现代水权制度来看，存在河岸所有权、优先占用权、行政分配权、比例分配权和可交易水权等水权分配方式，各国在具体适用中往往以某一原则为主，在面临国际水权冲突时，因适用原则不同，会产生"公说公有理婆说婆有理"的情况①。另外，国际法的相关原则也缺乏相互支持和有效的机制来解决冲突。目前，流域国家经常援引的国际法原则包括绝对领土主权原则、绝对领土完整原则、共同统治或共同管辖权的原则及公平利用或有限领土主权原则四项基本原则，但这四项基本原则在处理水资源问题时存在着互相冲突和无法协调的情况，因此各国往往援引利于自己的法律来主张利益诉求。

既有案例表明，水资源争端完全可以通过和平有效的谈判来妥善解决，建立在相关各国相互理解、有效沟通和利益妥协基础上的谈判，往往能形成多国共赢的局面，其中国际组织也往往发挥着特殊的作用。例如，南非与许多邻国间关于水资源的利用曾有争议，特别是与莫桑比克与斯威士兰之间存在矛盾，1995年曼德拉政府取得了重大进展，与12个国家签署了水资源合作协议。再如，当印度于1951年宣布建造法兰卡大坝时，引起巴基斯坦的强烈抗议。该大坝始建于1961年，1970年完成。1971年孟加拉国独立后，开始与印度谈判，1977年印度同意在旱季分配给孟加拉国63%的流量，但条件是孟加拉国同意调布拉马普特拉河水补充恒河流量。由于恒河争端，世界银行拒绝对印度在尼泊尔境内

---

① 付实. 国际水权制度总结及对我国的借鉴［J］. 农村经济，2017（1）：124–128.

的水电工程提供贷款等。同时，孟加拉国也阻止把布拉马普特拉河水调到印度境内的恒河中去。在这种背景下，双方在谈判与妥协的基础上，1996 年签订了一个为期 30 年的协定，该协定保证孟加拉国获得在最需要水的 3～5 月获得 50% 的流量，在特别干旱的季节上升到 80%。

2. 对东北地区网状北水南调工程的启示

在处理东北地区网状北水南调工程的国际水资源纠纷问题，我国一方面可以通过合理的路线设计规避国际冲突风险；另一方面，若出现相关问题，应当本着互利共赢的态度，与相关国家积极协商沟通解决，必要时还可以寻求国际组织的支持。虽然东北北水南调的水源地是黑龙江，但根据调水规模和路线，完全可以仅在黑龙江上游支流和松花江取水，对黑龙江干流影响较小，通过合理的路线设计可以规避国际水资源使用纠纷问题。另外，若随着取水量的增加或由于国际水权制度差异而造成相应的纠纷，也可以通过与俄罗斯和蒙古国进行协商谈判解决争议。尤其是东北地区网状北水南调的建成事实上对整个东北亚区域的经济发展具有重要的推动意义，俄罗斯和蒙古国也是工程建成的既得利益国，因此，谈判前景较为乐观。

（三）调水工程的生态环境影响及经验

引调水工程在缓减缺水地区水资源短缺、优化水资源配置方面有着不可取代的重要作用。虽然在其建设和运行过程中，对生态环境造成不同程度的负面影响，但从国际调水工程生态治理经验来看，有效措施可以有效降低甚至规避生态负面影响。

1. 美国中央河谷工程①

该工程是为解决加州中央河谷地区水资源时空分布不均，与农业需水时机不匹配的问题而兴建的，始建于 1937 年，运行管理由美国垦务局负责。工程利用水库调水，然后再通过渠道、泵站等输水设施向加州南部供水，年供水能力约为 86 亿立方米。工程最初功能是防洪、灌溉和供水，兼顾发电和改善航运条件。后来因工程调度运行对生态环境造成的不利影响逐渐显露，又通过立法增加了工程的生态补水功能。

2. 澳大利亚雪山调水工程②

该工程位于澳大利亚东南部的新南威尔士州与维多利亚州之间的雪山山区，是在山脉东坡的雪河及其支流上建库蓄水，将东坡斯诺伊河的一部分多余水量，通过自流和抽水，经隧洞和明渠，使南流入海的雪河水西调墨累河，北调马兰比吉河支流图穆特河，发展下游的灌溉及城市供水，并利用两河在雪山地区不足100 千米范围内的 800 米落差，建梯级电站，实现调水与开发水电相结合的目的。雪山调水工程明显减少汇入斯诺伊河的径流，引发下游河流生物学特性和淤积河床改变、动植物栖息地减少、河口地区咸水入侵等生态环境问题。

---

① Brinson M M，Eckles S D．U. S. Department of Agriculture conservation program and practice effects on wetland ecosystem services：a synthesis ［J］．Ecological Applications，2011，21（sp1）：S116－S127.

② Stewardson M J，Gippel C J．Incorporating flow variability into environmental flow regimes using the flow events method ［J］．River Research & Applications，2010，19（5－6）：459－472.

3. 德国多瑙河—美因河调水工程[①]

多瑙河—美因河调水工程是将水量充沛、洪涝灾害频繁的多瑙河及其支流阿尔特米尔河的水资源调往水资源供需矛盾突出的美因河。工程包括两个部分：一是多瑙河—美因河运河，水源来自多瑙河；二是布罗姆巴赫湖引水工程，水源来自布罗姆巴赫湖调蓄的洪水资源。运河年调水量约为 1.25 亿立方米，引水工程年调水量约为 0.25 亿立方米。工程主要功能是供水、改善水质、防洪、航运等。工程效益主要包括改善美因河流域缺水局面、提高阿尔特米尔河流域防洪能力、拓展欧洲的水运网络。针对调水工程建设占用了部分湿地的问题，该工程配套补偿设置了库区浅水区，并配套修建岛屿和沙坝，并沿库区岸带划定鸟类栖息地和候鸟迁徙中转场所，因生态场所风景秀丽、环境优美，有力促进了旅游业发展。

外来物种入侵是多瑙河—美因河调水工程带来的生态威胁之一。目前大约有 20 种无脊椎动物和多种鱼类从多瑙河扩散到美因河，然后再通过美因河进入莱茵河和康斯坦茨湖；也有水生动物如亚洲蛤（河蚬）和淡水虾等从莱茵河进入多瑙河。

4. 主要经验和启示

分析国际调水工程建设可以发现，调水工程虽然会对生态环境造成一定的负面影响，但是在应对水资源时空配置不均衡问题时，其作用是不可以替代的。其治理经验主要包括以下几点：一

---

① Habersack H，Hein T，Stanica A，et al. Challenges of river basin management：Current status of，and prospects for，the River Danube from a river engineering perspective［J］. Science of the Total Environment，2016，543（FEB. 1PT. A）：828 – 845.

是对调水规模进行系统性论证，选择既能够改善受水地用水需求也不会对取水地造成较大影响的合理调水规模范围，尤其是需要将取水地的生态需水量纳入考虑范围；二是形成区域调水网络，并配备蓄水池等能够实现对取水区洪水资源储备和有效利用的工程设施，从而保障洪水资源的有效利用，变灾害为资源；三是建立系统的调水法律和制度，将生态保护和环境修复作为法律制定的重要内容之一，规避外来物种入侵等生态风险；四是加大对调水工程设施相关区域尤其是取水地的污染源控制。

总的来说，通过国际对比来看，虽然当前我国是水资源稀缺且时空配置不均衡的国家，但是国际经验和现有技术为我国大型调水工程建设提供了有效支撑，在东北网状北水南调工程的论证、勘测、评估和建设过程中，应当积极借鉴相关国际经验，规避风险，提升系统性水资源治理有效性。

四、东北地区网状北水南调的具体方案

东北地区网状北水南调是为了改变我国东北地区水资源分配不合理、不均衡的情况，其原则是打造能够形成全局网状覆盖、提升水资源利用效率及"调水、增土、河运"三维互动的现代化调水工程，具体建设方案包括整体布局、调水规模、水量分配及可用方案等。

（一）整体布局

东北地区网状北水南调的整体布局将分别从东西两条线路进行调水。西部线路从黑龙江省西北部起始，连接黑龙江支流呼玛河、嫩江甘河、诺敏河等支流，沿大兴安岭东侧山麓向南，穿过西辽河支流西拉木伦河与老哈河，然后通往辽西丘陵；东部线路则落实和拓宽原有的松辽运河调水计划，建设"松花江干流—辽河干流"与"松花江长春段支流—辽河支流"两条河道，并在辽东地区以管道或涵洞的方式建设与辽河、浑河相通的地下输水网。

从调水目的来看，西部线路主要是为了通过水网沟通实现水资源和可利用耕地的时空优化配置，而东部线路则是为了实现不同区域水资源与经济发展的耦合，并畅通新的水路航运线。

从西部线路看，其西北部调水源头地区纬度较高，气温长年较低，黑龙江支流呼玛河和嫩江的冰期为10月至次年5月，当地的气候并不适宜农业生产和产业发展等，因此水资源在当地的利用情况并不充分。相比来看，大兴安岭东麓和辽西丘陵地区土地平坦、人口密度大、耕地面积广、温度适宜，但由于大兴安岭阻断了大西洋潮湿的海洋季风而导致其降雨量少、蒸发较大，经常发生旱灾。据统计，辽宁省干旱土地面积最高时超过2.2万平方公里，而其中以辽西地区最为严峻。若能将东北地区西北部水源引入大兴安岭东麓和辽西地区，实现气候条件、耕地利用与水资源的多维耦合，则能够有效保障这两个地区粮食种植和农业生产的需要，对于国家粮食安全战略也具有重要意义。

从东部线路看，其调水目的主要是缓解辽东地区工业和居民生活用水的压力，而松辽运河的建设则是为了形成衔接东北地区南北水运的交通要道。首先是调水层面，辽东丘陵地区，尤其是东南部沿海的大连城市圈附近是东北地区人口密度较大且经济发展水平较高的区域，但与沈阳、长春和哈尔滨城市圈的辽河、松花江和牡丹江等河流不同，大连周边并无河流分布，虽然沿海，但干旱情况十分严重，干旱严重时居民日常饮水都受到严重威胁①，水资源成为制约当地经济发展的重要因素之一。东北地区北水南调能够为当地带来充足的水资源。其次是水运畅通方面，当前松花江与辽河分别为东北地区的两条内陆水运通道，但二者并不联通，分别出海，这使东北地区整个水网和水运交通体系存在短板，效能未得到充分发挥。打通松花江干流与辽河干流、松花江长春段与就近辽河支流两条河道，可形成连接南北的调水与航运通路，并且可根据吨位分流航向，而该区域地势平坦（技术难度低）、气温较低（蒸发量小）的自然优势也十分适宜调水和河道相关工程的建设。同时，根据辽东丘陵气候干旱、水系缺乏、蒸发量大的特征，通过建设涵洞或管道的形式从辽河引流，经过浑河，形成辽东

---

① 大量遭遇44年"最渴"夏天 19.84万人饮水困难 [N/OL]. 中国新闻网，2015 - 07 - 29. http：//news. cnr. cn/native/gd/20150729/t20150729_519354227. shtml.

地下水网，可以为当地工业发展和居民用水提供支持。

（二）调水规模

调水规模的测算需要综合考虑调水目的地合理用水需求、沿途使用与调水损失、水源地调水承受能力等多个维度，从而进行权衡和优化。

1. 调水目的地的合理用水需求

由于东西线路调水的目的不同，西部线路主要是为了解决辽西北地区干旱地的耕地缺水问题，而东部线路则是为了解决整个辽宁省尤其是辽东地区居民和工业用水短缺的困境，我们从满足不同类型用水需求分别对调水规模进行了粗估。

从农业用水需求来看，辽宁省农业发展受水资源制约的情况十分明显。2012 年，其现有耕地的用水缺口达到 10 亿立方米，并且辽西地区有大量土地受到旱情的严重影响而出现土地盐碱化、河流断流等问题，虽然近年来采取了发展节水灌溉技术①、人工降雨②等措施，但这些措施无法从根本上改变辽宁省水资源先天不足的现实情况。若没有新的水源进入，辽宁省干旱土地或将由于长期无法得到涵养，逐步形成盐碱化、风沙化和水土流失的恶性循环，尤其是在全球整体气候变暖、降水年度分布不均衡且整体减少的情况下，辽宁省水土生态的脆弱性将陡升。长此以往，辽宁省农业或将因缺乏水资源而陷入恶性循环，对我国粮食

① 辽宁省发展节水农业　破解农业"靠天吃饭"困局［OL］. 中国政府网，2012 - 01 - 31. http：//www. gov. cn/jrzg/2012 - 01/31/content _ 2055084. htm.

② 辽西干旱地区"人工增雨"效果不理想，群策群力，快想办法播种［OL］. 搜狐网，2018 - 05 - 18. https：//www. sohu. com/a/232016065 _ 99996546.

安全造成严重影响。粗略估计，辽宁省耕地用水缺口可能已扩大到 15 亿~20 亿立方米。除现有耕地缺水外，西线调水还需满足对水土流失土地的土壤修复工作的需求，辽宁省的水土流失情况十分严重，其中辽西地区矿物资源开采后因缺水而土壤修复不完善是主要原因之一。辽宁省第四次水土流失遥感调查资料显示，全省现有土壤侵蚀面积 4.23 万平方公里，其中轻度侵蚀面积为 2.68 万平方公里、中度侵蚀面积为 1.09 万平方公里、强度侵蚀为 0.32 万平方公里、极强度侵蚀面积为 0.11 万平方公里、剧烈侵蚀面积为 237 平方公里。从土壤侵蚀面积来看，耕地和林地土壤侵蚀面积最多，分别占 36.4% 和 55.3%（见专表 2 - 5）。从分布情况来看，这部分土地主要分布在辽西地区，仅锦州、朝阳、葫芦岛和阜新的土壤侵蚀面积就达到 2.09 万平方公里，朝阳、葫芦岛和阜新等地的土壤侵蚀面积占总面积比例均超 40%[1]，粗略测算该部分水土流失治理所需水量为 85 亿立方米左右。另外，除水土流失外，辽西地区因缺水未利用的土地面积达到 4029.03 平方公里[2]，对该部分土地的水土涵养与土地开发利用大概需要 45 亿立方米水。

专表 2 - 5　辽宁省土壤侵蚀情况

土壤侵蚀类别	耕地	林地	草地	水域	城乡、工矿等建设用地	未利用土地
面积/万公顷	153.99	234.04	7.52	7.04	20.17	0.16
占总侵蚀面积的比例/%	36.4	55.3	1.8	1.7	4.8	—

资料来源：《辽宁省第四次土壤侵蚀遥感普查成果公报》。

---

① 曹忠杰，蔡景平，何建明，等. 辽宁省第四次土壤侵蚀遥感普查成果分析 [J]. 水土保持应用技术，2007（5）：21 - 22.

② 张雪英. 1990—2020 年辽西地区土地利用变化及驱动力分析 [J]. 无线电工程，2021（8）：711 - 719.

从居民用水标准来看，吉林省和黑龙江省的人均用水量均远高于辽宁省，尤其是黑龙江省水资源极其丰富。与全国水平相比，辽宁省居民用水量也是十分不足的，若按照辽宁省达到全国平均人均用水量水平进行测算，则居民用水缺口约为 52.86 亿立方米/年。

从工业及产业用水来看，水资源不足成为辽宁省产业经济发展的严重制约因素。从东北三省的工业用水量和工业增加值情况对比可以发现，三省之间的工业用水量与工业增加值是不匹配的，辽宁省的工业用水总量与其他两省相当，但工业增加值却是另外两省的两倍以上，这从侧面反映出，剔除水资源这一条件，辽宁省其他工业发展条件优于其他两省，水资源不足极有可能是制约辽宁省工业发展的关键因素。若能够获得充足的水资源，将有效减少辽宁省工业用水成本，从而为其经济发展注入更充足的活力。根据全国整体情况和辽宁省经济持续发展需要综合测算，辽宁省工业用水量相较于理想状态的缺口约为 69.62 亿立方米/年，而随着辽宁省经济增长和工业发展，其理想用水量还将持续增长（见专表 2－6）。

专表 2－6　2019 年东北三省及全国水资源与用水量情况

	辽宁省	吉林省	黑龙江省	全国
人均用水量/ （立方米/人）	299.16	427.80	825.09	430.79
人均水资源拥有量/ （立方米/人）	587.76	1876.18	4017.54	2077.75
工业用水量/ 亿立方米	18.3	14.1	19.5	1217.6
工业增加值/ 亿元	8164.55	3347.82	3291.05	317108.66

资料来源：笔者根据国家统计局官网数据整理测算。

2. 预期调水规模及规划

从调水规模和分配来看，东北地区网状北水南调东西线工程预计调水规模为 300 亿立方米/年，其中西线工程 150 亿立方米/年，东线工程 125 亿立方米/年，沿线用水及损耗为 25 亿立方米/年。在具体分配上，西线工程主要为农业和生态用水，包括 20 亿立方米/年的现有耕地用水缺口、85 亿立方米/年水土流失治理以及 45 亿立方米/年未利用土地改造；东线工程主要为居民用水和工业用水，经测算，若达到理想用水标准，则居民用水缺口为 52.86 亿立方米/年，工业用水缺口为 69.62 亿立方米/年，因此，东线工程共计 125 亿立方米/年的调水规模分配相对较为合理。另外，西线沿线为大兴安岭东麓，降水量较少，也存在一定的农业用水缺口，东部沿线则经过长春周边，工业和居民用水较多，而东部运河调水方式蒸发损耗较多，因此，需要配置 25 亿立方米/年的沿线用水及损耗水量。

3. 水源地的调水承受能力

东北地区北水南调网状调水工程西线水源地为黑龙江上游，东部线路则为松花江中游，从预计调水规模来看，水源地的水资源储量完全能够满足调水目标。黑龙江跨中国、蒙古国和俄罗斯，全长 5298 公里，流域面积 185.5 万平方公里，年径流量达到 3465 亿立方米。从调水规划来看，西线调水工程将从黑龙江上游的海拉尔河、呼玛河等支流取水，通过构建水网的方式年调水 150 亿立方米，从上游支流的综合年径流量来看，能够满足这一调水需求，并且由于水源地海拔较高、气温低，人口较少，农业和工业都不发达，蒸发量和用水量都相对较少，大多数河流每年冰封期超过 6 个月，这一调水规模并不会对当地的用水需求和生态环境造成负面影响。对于东线工程而言，其取水河流为松花江，是黑龙江在我国的最大支流，流域面积为 55.72 万平方公里，年径流量达到 762 亿立方米，以松辽运河的方式年调水 125 亿立方米，仅占松花江径流量的 16.4%，就调水量而言，松花江能够承载这一调水规模。因此，由于水源地本身水资源储量丰富且用水需求不大，因此从水资源承载力来看，东北地区网状北水南调调水工程的调水需求是能够得到满足的，对环境的影响也相对较小，对水源地的具体影响还需要进行工程学、生态学和水利等多学科的专业测度和综合评估。

通过建设水网的方式对黑龙江、松花江和嫩江进行适当规模调水将有利于防治洪水灾害，既有效利用水资源，同时也能够减少调水地的人员财产损失和水土流失等问题。黑龙江的洪水可划分为三种类型，分别是暴雨（降雨）洪水、融雪和雨雪融合洪水及冰凌洪水，这三类洪水主要发生在春季和夏季，尤其是夏季暴雨洪水的发生给黑龙江等地区造成了大量的损失。例如，2013 年特大洪水期间，黑龙江省共有 120 个县（市、区、农场分局）、885 个乡（镇）受灾，受灾人口 543.9 万人，紧急转移人口 23.3 万人，倒塌损毁房屋 8542 间；农作物受灾面积 1.75 万平方公里；损坏灌溉设施 2417 处，损坏堤防 604 处（242.92 公里），损坏护岸 365 处，损坏水闸 483 座，损坏塘坝 258 座。洪涝灾害造成的直接经济损失达 150.73 亿元[1]。而这两个季节正是吉林省西南部、辽西和辽东地区最为缺水的时期，东北地区网状北水南调工程将在整个东北地区形成一个巨大的类似"连通器"的装置，能

---

① 黑龙江洪水已致 543.9 万人受灾 损失 150.73 亿元 [OL]. 凤凰网山东频道，2013 - 08 - 21. https：//sd. ifeng. com/zbc/detail _ 2013 _ 08/21/1132252 _ 0. shtml.

够有效发挥调洪补旱的作用。

（三）东北地位网状北水南调与渤水西调的对比分析

从当前解决东北地区水资源短缺和配置不均的方案来看，除了东北地区网状北水南调方案外，还有以海水淡化技术为基础通过引渤海水来解决辽西和蒙东等地缺水问题的渤水西调方案。课题组对两种方案进行了对比分析（见专表2－7）。

专表2－7　东北地区网状北水南调与渤水西调的对比情况

	北水南调	渤水西调
水源供应	主要依托黑龙江和松花江等北部水源丰沛的内陆河	对渤海水进行淡化
调水总量预测	约350亿立方米/年	40亿～60亿立方米/年
成本结构	调水工程建设的一次性投入；老旧桥改造与河道加宽；征地补偿	调水工程建设的一次性投入；调水持续加压；海水淡化持续投入
工程创新及亮点	调水与增土相结合；调水与航运相结合；调洪与补歉相结合	实现水资源增量；多产业综合联动效应
生态评估	生态影响较小	可能引发盐水倒灌；对渔业可能存在负面影响
水权争议	可能存在一定的国际河流调水沟通问题	目前尚无争议
线路类型	分东线和西线同步进行，形成干网结合的布局	主要以干线布局为主

资料来源：课题组根据调研资料整理。

东北地位网状北水南调方案的主要优势在于：其一，调水量更为充足，根据课题组论证，在不影响水源地各类用水需求的情况下，年调水量可达350亿立方米，这一规模的调水量不仅能够满足受水地的用水需求，同时也能够有充足的余量，保证调水与增土的有机结合；其二，工程技术难度小，从取水地到受水地主要依托自流，无须加压，尤其是调水工程仅为一次性投入，后续调水的运营成本逐步降低；其三，调水与航运相结合，东线松辽运河工程能够有效拓展东北地区的河运与出海格局，不仅有调水意义，且兼具航运价值；其四，具有全局性的经济带动和投资拉动作用。

但东北地位网状北水南调也确实存在一定的挑战：其一，调水路程相对较远，尤其是主要依托管道和涵洞调水，长线作业对工程精准度要求极高；其二，松辽运河为了实现航运价值，在具体建设中，需要对原有河道进行拓宽、老旧桥梁进行改造，并且涉及居民迁移和征地等问题，可能会导致工程进度延缓等；其三，可能涉及国际沟通等问题。

渤水西调的主要优势在于：其一，海水淡化过程中使用的是盐化工和核电等降温用水，实现了多产业联动的综合应用；其二，从水源方面来看，海水淡化实现了可利用水源的增量效应；其三，相对北水南调而言，调水线路较短，工程量较小。

但对比来看，渤水西调存在的问题也较为明显：其一，调水量相对较少，根据现有方案论证来看，年调水量为 40 亿立方米较为合适，若继续增加可能会对海洋生态造成不利影响，并引发海水倒灌等问题；其二，由于是多产业综合利用的方案，海水淡化依托于盐化工和核电等所产生的热能，存在较强的依附性；其三，由于是从渤海向西调水，即从低向高引水，无法依托自流，需要沿线加压；其四，从成本上看，该方案不仅需要支付一次性的工程费用，还需要在后续逐次支付海水淡化成本，可能会导致成本畸高的情况。

总的来说，两种调水方案各有优势和不足，从建设选择上，二者不是非此即彼的方案，而是具有相辅相成的组合效应。在具体建设次序上，应当首先推进北水南调工程建设，这主要是由于北水南调的调水规模大且能够实现水网布局，不仅能够有效解决吉林、辽西等地的缺水问题，同时也能够为后续渤水西调提供供水网络的基础设施，从而实现组合效应。

五、东北地区网状北水南调的经济效益

东北地区网状北水南调工程的经济效益主要体现在：其一，作为一项可以持续使用的大型公共设施，具有短期拉动投资、长期回报收益的效果，而且具有较高的正外部性；其二，对其他调水方案具有增益效应；其三，可以畅通东北地区水运航道，对交通运输有所增益。

（一）作为大型公共基础设施的经济效益

东北地区网状北水南调工程作为一项大型公共基础设施，其经济效益主要体现为建设期的投资带动与就业拉动、长周期运营的成本摊薄和逐年增加的回报收益，以及有效降低其他产业发展成本的正外部效应。

1. 建设期的投资带动与就业拉动

重大水利工程建设主要由政府部门运用积极的财政政策进行相关建设投资支出，对经济增长的促进作用主要体现在两个方面：一是带动产业部门的各种直接和间接投资；二是居民部门因就业引起收入增加产生的消费等。因此，重大水利工程建设对于经济增长的有利影响总体上就是投资乘数效应的反映，可以从带动投资和促进就业两个方面进行分析。[①]

---

① 陈献，尤庆国，王元．重大水利工程建设对经济增长的有利影响分析［J］．水利发展研究，2018（3）：10－14.

（1）投资带动效应。东北地区网状北水南调战略的投资带动效应能够覆盖整个产业链，尤其是对消化我国过剩产能意义重大。作为一项重大水利工程建设，东北地区网状北水南调战略将对上、中、下游产业发展产生整体影响，其中物资需求的增加能够转化为上游产业收入，进而带动上游产业扩大投资，提高生产能力以满足市场需求，这部分后向效应可以归纳为带动的直接投资；同时，重大水利工程建设也能够带动与防洪、供水等有关的下游产业扩大投资，这部分前向效应可以归纳为带动的间接投资。从带动的直接投资看，重大水利工程建设所需的钢材、水泥、砂石和汽柴油、电力等原材料需要直接采购，而工程机械、运输车辆等施工中间环节所需机械设备可直接租赁或者在一次性购置的基础上重复使用。带动直接投资的规模主要取决于重大水利工程建设规模，而且与不同类型工程建设内容的构成有关。当然，工程建设不能立即带动直接投资，还需要经过产业部门从增加收入到扩大投资的过程。从带动的间接投资看，重大水利工程建成后可以发挥出防洪、供水等方面的效益，进而带动相关下游产业的投资。为充分发挥效益，需要开展的配套项目建设与工程功能定位及建设内容有关；能够带动的下游产业涵盖国民经济三次产业结构、多个行业，具体也因工程类型而异。由于重大水利工程建设周期较长，效益发挥需要一定的时间，因此间接投资的带动相对较为滞后。

（2）就业拉动效应。东北地区网状北水南调战略不仅能够直接拉动当地居民就业，而且能够通过间接效应和集聚效应产生衍生就业，并刺激消费。重大水利工程建设过程中，工程设计、施工、监理等工作需要大量的劳动力和专业技术人才，由此促进了直接就业。而且重大水利工程投资规模大，施工人员需求量大，因此具有很强的劳动力就业吸纳能力，有利于拓宽农民工就业渠道，增加农民的非农收入。一般而言，建设管理、规划设计、监理服务、质量检测等单位的就业人口主要是专业技术人员，施工企业主要是农民工。由于技能水平的不同，两者工资收入存在着一定的差异。重大水利工程建设促进直接就业的规模主要取决于工程的建设规模，还与各种类型工程的组织实施模式有关。东北地区网状北水南调如果能够较快启动，其东西线工程建设规模巨大，并且有多种组织形式，能够有效拉动当地多渠道就业。尤其是作为一项重大水利工程，其施工量较大，工期往往相对紧张，很可能需要多点作业，临时和当地用工数量较多。总的来说，东北地区网状北水南调战略的实施可以带动相关行业投资，带动的产业大多属于劳动密集型产业，除了工程建设本身能够增加直接就业外，还能够显著促进相关产业人员的间接就业。

2. 长周期运营的成本摊薄与逐年增加的回报收益

东北地区网状调水工程作为一项大型公共基础设施，虽然在建设过程中需要巨额投资，但由于其运营周期长、运维费用低，成本将不断摊薄且回报逐年递增。根据国内外调水工程建设经验来看，大型水利工程虽然在建设过程中投入巨大，但使用周期往往极长，如都江堰至今仍在使用，并且此类工程建成后在后期具体运营过程中的后续投入很少。将调水工程的整体成本按年分摊的话，每年的成本很低。而随着使用周期的延续，工程的初期建设成本将不断回收，后续工程本身的收益率也将逐年提升。因此，从长远来看，东北地区网状北水南调战略的推进是能够造福后代的重要工程。

3. 有效降低其他产业发展成本的正外部效应

东北地区网状北水南调工程的经济效益不仅应当以工程本身的成本、投入和收益进行衡量，工程的落地对于整体经济也具有显著的外部性，主要体现在大幅降低其他产业发展成本、为其他水利工程奠定水网疏通基础及优化内陆河航运地区的通道布局。

受水区的农业、工业和居民用水成本降低且便捷性提升是工程外部性最直观的反映。新水源的输入将使受水区的用水成本大大降低，不仅解决了"有钱没水"的困局，也使当地各类产业的发展摆脱了桎梏。西线工程受益最多的就是农业生产，在原有土地得到充分灌溉的基础上，还可以通过生态治理和土壤改造实现可利用土地增量。初步测算，调水工程建设至少能够实现4000平方公里的可利用土地增加，受到降雨季节分布不均影响的既有耕地产量也将得到提升。若以粮食生产计算，仅主要受水区辽宁地区的既有耕地和新增土地所带来的粮食增量将达到134.82亿公斤/年，占辽宁省现有粮食产量的57.29%，若加上这一部分粮食增产，辽宁省粮食产量将从全国第12位跃居第6位。从工业发展来看，水资源的充足程度决定了城市工业发展的上限，尤其是随着我国进入高质量发展阶段，"以水定城、以水定地、以水定人、以水定产"成为绿色可持续高质量发展的必然要求。由此，调水工程建设将大大增加受水区（辽东地区）和沿线区域（吉林省等）的工业可用水量，尤其是辽东作为东北地区工业发展水平最高的区域，满足用水需求将大大提升其工业持续发展的竞争力。另外，居民用水的成本也将大大降低，尤其是在干旱年份饮水问题不再受到威胁和影响。

（二）对其他调水方案的落实具有积极意义

工程所形成的东北地区网状管道和河道联动布局，为海水淡化等其他方案的落实奠定了基础。当前针对东北地区水资源配置不合理的问题，并非只有东北地区网状北水南调一种调水方案，还有以海水淡化技术为依托的渤水西调等设想，而东北地区网状北水南调工程的建成，将在整个东北地区尤其是相对缺水的辽西、大连都市圈、吉林省东部等地区形成发达的网状管道和河道。这意味着东北地区网状北水南调工程与其他调水方案并不不冲突，反而能够有效减少其他调水方案的成本，并扩大整体效用。东北水网体系的完善是具有整体盘活作用的奠基性工程，能够在实现自身调水目的的同时为其他调水方案提供有益支撑。

（三）改变了整个东北亚地区的内河航运与中国出海格局

东线工程松辽运河的建设不仅为东北地区内陆运输提供了水运这一成本更优选择①，而且为东北地区商品出海提供了新的通道。相较于铁路和公路运输，水路运输成本最低，特别适合对运输日期要求相对较为宽松的大宗商品的运输。当前东北北部的出海口主要为图们江出海口，而这一出海口并不在中国境内，虽然出海口有中俄合作开发的扎鲁比诺港，但该港口设施老化、承载能力弱，甚至有一段路程需要水路联运，大大降低了航运出海效率。因此，松辽运河的建成通航将使东北地区的南北水运沟通，南向出海的货运船只可以经松辽运河经由辽河入海口的营口港出

---

① 尤其是对于大宗商品而言，水运成本远低于其他运输方式。

海，为东北地区商品经由水运出海提供了新的选择，也对扎鲁比诺港造成竞争压力，督促其修缮优化，提升通关、出海等的效率。

六、可能存在的风险及防范

从东北地区网状北水南调的整体布局和具体实施来看，主要存在国际沟通、工程建设、资金初始投入及可持续性、生态环保等风险，需要建立系统的防范和应对措施。

（一）国际沟通风险

由于西线调水源头黑龙江是国际河流，东线调水源头松花江最终也汇入黑龙江，因此国际沟通风险可能是东北地区网状北水南调的重要风险之一。东北地区网状北水南调战略的调水源头为黑龙江，而黑龙江本身就是国际河流，不仅流经中国，还流经蒙古国和俄罗斯，虽然东西线工程都是在中国境内施工建设，但由于涉及国际河流，还是应当提前考虑和规避相关国际风险。其主要防范措施包括两个层面。

其一，严格规范调水工程的调水规模、施工范围和建设选址。在调水规模上，应当进行充分论证和严格把控，避免因调水工程对黑龙江线的用水需求和生态环境造成不良影响；在施工范围上，除松辽运河等河道工程的建设外，其他水网联通应在技术允许的条件下以最为直接有效的涵洞或管道方式建设，尤其是临近黑龙江干线的呼伦河等支流，避免施工范围的不必要波及；在建设选址上，东北地区网状北水南调的整体战略布局并不在黑龙江干流上直接建设工程进行取水，而是通过境内支流水网来实现水资源的均衡配置，因此，在具体建设选址时应当以此为定位，精准选址，避免国际河流调水冲突。

其二，对于不涉及主干国际河流的支流调水可以采取秘而不宣的方案，而对于干流涉及水权的争端与纠纷，可以进行积极的沟通和理性的宣传。东北地区网状北水南调工程的建设不仅对中国东北地区具有重要的经济意义，更是对提振和盘活东北亚经济发展和交通运输具有重要意义，并且该工程事实上完全在中国境内进行，并由中国出资，对沿线的俄罗斯和蒙古国用水需求、生态环境和经济社会发展并无不利影响。因此，工程建设论证和勘测阶段应当形成切实有效的配套宣传方案，从而避免工程建设的国际沟通风险。

（二）工程建设风险

整体调水工程建设规模较大，尤其是分东西两条线路开展，虽然从技术层面来看，我国早已具备了成熟的调水工程建设能力，并且东北地区整体呈海拔自北向南平稳下降的趋势，工程建设难度较小，但由于调水距离较长、涉及河流较多，东西线涉及不同的调水工程建设类型，仍存在一定的工程建设风险。

西线调水工程由于调水路线长、穿越河流众多、地质条件复杂、运行调度复杂等原因，存在的工程性风险具有随机性和模糊性。从气候上看，由于调水源头纬度和海拔相对较高，容易出现管道冰塞风险；在地质地形方面，自北向南主要沿大兴安岭东麓，沿线可能存在山体滑坡、泥石流等自然灾害而对管道形成外部冲击和影响的风险；从施工对接方面，由于调水距离较长、工程规模较大，可能涉及参建单位多而沟通不畅、资金持续性难以保障等风险。另外，水网联通建设需要兼具整体线路的宏观设计和具体河流的精准对接，尤其是西线工程主要采取管道运输的方式，需要对转弯处的管道进行特殊处理，并在连接处重新计划一个弯度来解决水流问题，工程量较大，必然存在多地同时动工的情况，管道直径较小，对线路对接的误差精准度要求极高，需要对线路进行严密的论证、评估和测算。

东线调水工程主要以运河的方式建设，相较于西线的长距离管道式调水，运河建设由于横向宽度大且为地表建设，因此对工程线路设计要求极高。东线工程由于不仅需要满足调水需求，还需回应拓展东北内陆河水运通道的需求，因此，建设必须在地表进行，并且河道的深度和宽度必须满足通航要求，更易受到气候和地质条件的影响，并且还将涉及居民和厂房搬迁等问题。因此，需要做好充分的线路选址考察和地质勘探工作。

（三）资金初始投入及可持续性风险

调水工程本身就具有资金初始投入大的特点，东北地区网状北水南调工程量较大且施工周期较长，极有可能面临资金初始投入和可持续性风险。从调水工程的建设特征来看，工程具有初始建设投入资金量巨大、成本回收周期长的特点，但从长期来看，调水工程后期运维成本较低，可有效平抑初始成本，而且一旦建成，能够产生巨大的社会价值和正外部性，使相关产业成本大大降低。在工程建设过程中，需要保障资金链的持续畅通和有效运转，一旦资金断链无法完工，则很可能前功尽弃。因此，需要形成有效资金的保障机制，既实现初始资金投入的筹措，也保障工程建设过程中资金的可持续投入和运转，同时还需设置资金风险防控预案，防止因不确定性情况而导致的预算超支和资金需求增加等情况。

（四）生态环保风险

调水工程建设的初衷是改变自然状态下水资源分配不均衡的格局，从生态保护层面来看，是对整体环境的优化，尤其是对受水区和沿线缺水地区的土壤改良、水源涵养和生态治理具有重要意义。但调水工程建设过程中，抽水取水、管道铺设以及河道开挖等会对水源地和沿线区域造成一定的生态影响，从而造成一定的生态环保风险。但生态风险可通过对调水量的论证和充分的环评工作得到有效的规避。

七、对策建议

东北地区网状北水南调战略的落实与发展对于冲破东北地区发展水资源分配不平衡的桎梏具有重要意义，形成网状贯通的水网通道和内陆河航运能够全面盘活东北地区的水资源时空布局和内外水运联动循环，应尽快着手论证、勘探和建设工作，具体建议如下。

第一，东北地区网状北水南调工程是跨省域的重大战略项目，需要国家发展改革委、水利部、自然资源部、农业部、生态环境部、交通运输部、住建部等国家部委和辽宁省、吉林省、黑龙江省和内蒙古自治区等相关地方政府联合推进，尽快对东北地区网状北水南调战略进行勘测、规划、评估、投资和施工建设。建议将东北地区网状北水南调战略纳入国家"十四五"时期水利建设的战略规划中。具体操作上，可由国家发展改革委协调，各部门联合形成东北地区网状北水南调战略工程建设协调机构，由调水工程建设企业（如南水北调集团等）具体运作实施；工程建设应分期、分阶段进行，逐步完成老旧桥改造、蓄水池建设等。整个东北地区网状北水南调工程建设工程量较大，尤其是东线工程需要同步解决调水和通航的问题。因此，在具体建设过程中，工程应当分期、分阶段进行，以"先通水、再增量；先调水，后通航"为原则，优先建设调水通路，后逐步实现调水规模的增加和通航河道的建设，从而避免因老旧桥改造、征地补偿和蓄水池建设等问题延缓工程进度。

第二，调水工程的统筹与建设应当实现各地区的利益平衡。东北地区网状北水南调工程的建设涉及黑龙江省、吉林省、辽宁省和内蒙古自治区四个省份，整个调水工程的建设，是四省份利益的平衡与资源的互补，北部省份将充足的水资源转移给南部缺水省份，而南部省份则通过运河通道的畅通为北部省份提供大宗商品运输和出海的利益。这是在工程建设过程中，统筹协调各省份合作时所需要秉承的价值理念。

第三，建议将调水工程与土壤改造等增土工作相结合。东北地区网状北水南调战略的具体建设应当与增土工作，尤其是辽西干旱地和矿物开采废弃地的土壤改造相结合。在具体操作过程中，水利部门、自然资源部和住建部应当进行有效沟通，将调水资金筹集与土地资产抵押进行统筹协调，若"水"和"土"的工作分开则很可能出现调水无法有效实现可利用土地增加的目标，而土地抵押也难以为调水工程建设提供资产支撑。

第四，建议形成"水资源、土地资产和资金"三位一体的工程资金筹集和保障模式。东北水网调水工程实施的资金可来源于四个方面：中央政府发行长期调水改土专项国债，由财政部专项筹集和管理；国家开发银行和农业发展银行发放长期政策性开发性贷款；各商业银行提供长期稳定利率的商业开发贷款；金融租赁公司提供水利和土地开发工程租赁贷款。大型调水和土地开发综合公司，或者大型水利工程公司和大型土地开发公司，以淡水和土地资源期权，或者水资源销售合同、开发土地在途工程、已经开发完毕的储备土地、土地直接销售和不同用途土地置换指标出售合同等，作为发债的重要信息披露和评级依据，以及借贷的信用抵押资产。从计算的资产规模看，这类资产的数量多而且大于贷款抵押需要。

本专题参考文献

[1] 刘楚杰，李晓云，聂媛. 基于重心模型的粮食生产与水资源时空耦合分析 [J/OL]. 农业现代化研究：1 - 11 [2021 - 11 - 16]. https：//doi. org/10. 13872/ j. 1000 - 0275. 2021. 0107.

[2] 何理，尹方平，等. 中国水—土—人口资源多元时空匹配格局及其对粮食 生产与安全的影响研究 [J/OL]. 水利水电技术（中英文）：1 - 20 [2021 - 11 - 16]. http：//kns. cnki. net/kcms/detail/10. 1746. TV. 20211025. 1340. 002. html.

[3] 赵勇，秦长海，等. 调水工程受水区增量水权转换模式创新与设计 [J/OL]. 南水北调与水利科技（中英文）：1 - 7 [2021 - 11 - 16]. http：//kns. cnki. net/kc- ms/detail/13. 1430. TV. 20211022. 1759. 006. html.

[4] 李保国，刘忠，等. 巩固黑土地粮仓　保障国家粮食安全 [J]. 中国科 学院院刊，2021（10）.

[5] 宋晓娜，张峰，薛惠锋. 中国八大综合经济区视角下的工业水资源绿色效 率再审视 [J]. 首都经济贸易大学学报，2021（5）.

[6] 尹方平，赵文仪. 我国农业人口、农业用地和水资源匹配系数分布研究 [J]. 南方农业，2021（24）.

[7] 朱丽娟，张扬，张改清. 我国城市土地与水资源利用效率的耦合协调及其 时空特征研究 [J]. 经济经纬，2021（5）.

[8] 钱思彤. 东北三省生态环境服务质量演化及政策调控效果 [D]. 东北师 范大学，2021.

[9] 冯欣. 农业水价综合改革利益相关者研究 [D]. 中国农业科学院，2021.

[10] 黄杰，李倩倩. 中国农业用水效率的区域差异及动态演进 [J]. 甘肃理 论学刊，2021（1）.

[11] 刘凌燕，王慧敏，等. 供需视角下水—能源—粮食系统风险的驱动机理 与政策仿真——面向东北三省的系统动力学分析 [J]. 软科学，2020（12）.

［12］杨超，吴立军.中国城市水资源利用效率差异性分析——基于 286 个地级及以上城市面板数据的实证［J］.人民长江，2020（8）.

［13］马铁民.加快生态松辽建设　推动东北高质量发展［J］.中国水利，2020（15）.

［14］张国基，吴华清，等.中国水资源综合利用效率测度及其空间交互分析［J］.数量经济技术经济研究，2020（8）.

［15］初亚奇.水生态与水安全关联耦合视角下的寒地海绵城市规划研究［D］.天津大学，2020.

［16］王秦，赵玮.国外区域资源环境承载力评价的实践案例研究［J］.河北环境工程学院学报，2020（3）.

［17］杨光.中国东北地区相对资源承载力评价研究［J］.黑龙江社会科学，2020（3）.

［18］向雁.东北地区水—耕地—粮食关联研究［D］.中国农业科学院，2020.

［19］赵鹏敏，贾政强.东北平原西部盐碱地生态治理探析［J］.东北水利水电，2020（5）.

［20］罗海平，黄晓玲.我国粮食主产区粮食生产中的水资源利用及影响研究［J］.农业经济，2020（2）.

［21］孙普成.东北农业林区发展规划设计要点及造林技术［J］.新农业，2020（2）.

［22］周天勇.论调水改土对国民经济城乡要素模块间梗阻的疏通［J］.区域经济评论，2019（3）.

［23］刘雁慧，李阳兵，等.中国水资源承载力评价及变化研究［J］.长江流域资源与环境，2019（5）.

［24］王喜峰，李富强.经济安全、高质量发展与水资源承载力关系研究［J］.价格理论与实践，2019（1）.

［25］于丽丽，唐世南，等.东北地区地下水超采情况及对策建议［J］.水利规划与设计，2019（4）.

［26］周天勇.调水改土与国民经济持续发展［J］.经济研究参考，2019（4）.

［27］张涛，李强，张建珍.东北地区地质矿产调查现状及需求分析［J］.中

国金属通报，2018（10）.

［28］邓铭江.中国西北"水三线"空间格局与水资源配置方略［J］.地理学报，2018（7）.

［29］唐婷.东北也存在地下水超采吗？［J］.中国生态文明，2018（2）.

［30］李艳萍.气候变化对东北水稻生产的影响分析［J］.中国农业信息，2017（24）.

［31］吴健，李英花，等.东北地区产水量时空分布格局及其驱动因素［J］.生态学杂志，2017（11）.

［32］王小军，张盾，等.东北"节水增粮行动"水资源论证工作难点及管理对策［J］.地下水，2017（2）.

［33］松辽委.严格水资源管理和保护 支撑东北老工业基地振兴发展［J］.中国水利，2016（24）.

［34］盖美，吴慧歌，曲本亮.新一轮东北振兴背景下的辽宁省水资源利用效率及其空间关联格局研究［J］.资源科学，2016（7）.

［35］高秀清.我国水资源现状及高效节水型农业发展对策［J］.南方农业，2016，10（6）.

［36］高齐圣，路兰.中国水资源长期需求预测及地区差异性分析［J］.干旱区资源与环境，2016（1）.

［37］徐勇，张雪飞，等.我国资源环境承载约束地域分异及类型划分［J］.中国科学院院刊，2016（1）.

［38］张正斌，段子渊，等.中国粮食和水资源安全协同战略［J］.中国生态农业学报，2013（12）.

［39］张吉辉，李健，唐燕.中国水资源与经济发展要素的时空匹配分析［J］.资源科学，2012，34（8）.

［40］李浩，黄薇，等.跨流域调水生态补偿机制探讨［J］.自然资源学报，2011（9）.

［41］黄姣，高阳，李双成.东北三省主要粮食作物虚拟水变化分析［J］.北京大学学报（自然科学版），2011（3）.

［42］赵秀兰.近50年中国东北地区气候变化对农业的影响［J］.东北农业大学学报，2010（9）.

［43］朱党生，张建永，等．水工程规划设计关键生态指标体系［J］．水科学进展，2010（4）．

［44］郭潇，方国华，章哲恺．跨流域调水生态环境影响评价指标体系研究［J］．水利学报，2008（9）．

［45］刘卓，刘昌明．东北地区水资源利用与生态和环境问题分析［J］．自然资源学报，2006（5）．

［46］刘彦随，甘红，张富刚．中国东北地区农业水土资源匹配格局［J］．地理学报，2006（8）．

［47］景跃军．东北地区相对资源承载力动态分析［J］．吉林大学社会科学学报，2006（4）．

［48］黄初龙，邓伟，杨建锋．中国东北地区农业水资源利用水平灰色聚类评价［J］．干旱区研究，2006（2）．

［49］谢辉，程晓凌，等．东北地区资源环境基础与区域发展政策［J］．地域研究与开发，2006（2）．

［50］黄薇，陈进．跨流域调水水权分配与水市场运行机制初步探讨［J］．长江科学院院报，2006（1）．

［51］程国栋，王根绪．中国西北地区的干旱与旱灾——变化趋势与对策［J］．地学前缘，2006（1）．

［52］李琛，谢辉．东北地区资源环境安全评价［J］．资源科学，2006（1）．

［53］刘彦随，彭留英，陈玉福．东北地区土地利用转换及其生态效应分析［J］．农业工程学报，2005（11）．

［54］黄初龙，邓伟，杨建锋．农业水资源可持续利用评价指标体系构建及其应用［J］．农业现代化研究，2005（6）．

［55］甘红，刘彦随．中国东北农业灌溉水资源保障及空间差异分析［J］．农业工程学报，2005（10）．

［56］方妍．国外跨流域调水工程及其生态环境影响［J］．人民长江，2005（10）．

［57］汪易森，杨元月．中国南水北调工程［J］．人民长江，2005（7）．

［58］窦明，左其亭，胡彩虹．南水北调工程的生态环境影响评价研究［J］．郑州大学学报（工学版），2005（2）．

[59] 安刚, 孙力, 廉毅. 东北地区可利用降水资源的初步分析 [J]. 气候与环境研究, 2005 (1).

[60] 邸志强, 苗英, 等. 东北地区湿地及其保护 [J]. 地质与资源, 2004 (4).

[61] 孙力, 安刚, 等. 中国东北地区地表水资源与气候变化关系的研究 [J]. 地理科学, 2004 (1).

[62] 郑连第. 中国历史上的跨流域调水工程 [J]. 南水北调与水利科技, 2003 (S1).

[63] 郑连第. 世界上的跨流域调水工程 [J]. 南水北调与水利科技, 2003 (S1).

[64] 杨立信. 国外调水工程综述 [J]. 水利发展研究, 2003 (6).

[65] 刘建林, 马斌, 等. 跨流域多水源多目标多工程联合调水仿真模型——南水北调东线工程 [J]. 水土保持学报, 2003 (1).

[66] 汪明娜, 汪达. 调水工程对环境利弊影响综合分析 [J]. 水资源保护, 2002 (4).

[67] 刘洪先. 水权理论与南水北调工程水权分配 [J]. 人民黄河, 2002 (3).

[68] 汪明娜. 跨流域调水对生态环境的影响及对策 [J]. 环境保护, 2002 (3).

[69] 刘昌明. 南水北调工程对生态环境的影响 [J]. 海河水利, 2002 (1).

[70] 杨胜天, 刘昌明, 等. 南水北调西线调水工程区的自然生态环境评价 [J]. 地理学报, 2002 (1).

[71] 刘国纬. 关于中国南水北调的思考 [J]. 水科学进展, 2000 (3).

[72] 陈西庆. 跨国界河流、跨流域调水与我国南水北调的基本问题 [J]. 长江流域资源与环境, 2000 (1).

[73] 卢华友, 沈佩君, 等. 跨流域调水工程实时优化调度模型研究 [J]. 武汉水利电力大学学报, 1997 (5).

[74] 徐元明. 国外跨流域调水工程建设与管理综述 [J]. 人民长江, 1997 (3).

[75] 吴泽宁, 丁大发, 蒋水心. 跨流域水资源系统自优化模拟规划模型 [J].

系统工程理论与实践，1997（2）．

[76] 刘昌明．调水工程的生态、环境问题与对策［J］．人民长江，1996（12）．

[77] 沈佩君，邵东国，郭元裕．国内外跨流域调水工程建设的现状与前景［J］．武汉水利电力大学学报，1995（5）．

[78] 邵东国．跨流域调水工程优化决策模型研究［J］．武汉水利电力大学学报，1994（5）．

[79] 蔡思扬，左德鹏，等．基于SPEI干旱指数的东北地区干旱时空分布特征［J］．南水北调与水利科技，2017（5）．

[80] 曹忠杰，蔡景平，何建明，等．辽宁省第四次土壤侵蚀遥感普查成果分析［J］．水土保持应用技术，2007（5）．

[81] 陈献，尤庆国，王元．重大水利工程建设对经济增长的有利影响分析［J］．水利发展研究，2018（3）．

[82] 陈西庆．跨国界河流、跨流域调水与我国南水北调的基本问题［J］．长江流域资源与环境，2000（1）．

[83] 董峻．干旱粮食损失惨重 农田节水势在必行［N］．东方城乡报，2007-06-26（B07）．

[84] 付实．国际水权制度总结及对我国的借鉴［J］．农村经济，2017（1）．

[85] 谷丽雅，侯小虎，张林若．浅谈国外跨流域调水工程现状、机遇和挑战［J］．中国水利，2021（11）．

[86] 何鑫，吴吉东，等．基于SPEI的辽西地区气象干旱时空分布特征［J］．干旱区地理，2017（2）．

[87] 陆海明，邹鹰，丰华丽．国内外典型引调水工程生态环境影响分析及启示［J］．水利规划与设计，2018（12）．

[88] 孙滨峰，赵红，王效科．基于标准化降水蒸发指数（SPEI）的东北干旱时空特征［J］．生态环境学报，2015（1）．

[89] 王熹，王湛，等．中国水资源现状及其未来发展方向展望［J］．环境工程，2014（7）．

[90] 吴泽宇．有力促进美国西部经济发展的加州北水南调工程［N］．中国水利报，2007-02-02（00C）．

［91］张雪英 . 1990—2020 年辽西地区土地利用变化及驱动力分析［J］. 无线电工程，2021（8）.

［92］Brinson M M , Eckles S D . U. S. Department of Agriculture conservation program and practice effects on wetland ecosystem services：a synthesis［J］. Ecological Applications，2011，21（sp1）：S116 – S127.

［93］Habersack H , Hein T , Stanica A , et al. Challenges of river basin management：Current status of, and prospects for, the River Danube from a river engineering perspective［J］. Science of the Total Environment，2016，543（FEB. 1PT. A）：828 – 845.

［94］Stewardson M J , Gippel C J . Incorporating flow variability into environmental flow regimes using the flow events method［J］. River Research & Applications，2010，19（5 – 6）：459 – 472.

［95］Zhang Zhe Kun, Ling Ming Xing, Lin Wei, Sun Ming, Sun Weidong. Corrigendum to "Yanshanian movement induced by the westward subduction of the paleo – Pacific plate"［Solid Earth Sciences Volume 5（2）（2020）103 – 114］［J］. Solid Earth Sciences，2021（prepublish）.

［96］He Hongwei, Zhang Tao, Yang Yongkang. Corrigendum to "A facile way to modify carbon fibers and its effect on mechanical properties of epoxy composites" Mater Res Technol 10（2021）164 – 174］［J］. Journal of Materials Research and Technology，2021.

［97］McIvor Arthur. "Scrap – Heap Stories"：Oral Narratives of Labour and Loss in Scottish Mining and Manufacturing［J］. BIOS – Zeitschrift für Biographieforschung, Oral History und Lebensverlaufsanalysen，2020，31（2）.

［98］Schemmer Janine. "We Are in the Museum Now". Narrating and Representing Dock Work［J］. BIOS – Zeitschrift für Biographieforschung, Oral History und Lebensverlaufsanalysen，2020，31（2）.

专 题 三

东北振兴——东北三省
土地政策研究及改革试验区建设①

---

① 本专题系东北财经大学东北亚经济研究院"攻关项目"（2020—2021）："东北振兴——东北土地政策研究及改革试验区建设"的最终成果。课题组组长：刘随臣（自然资源部咨询研究中心咨询委员、原国土资源部调控司司长）；课题组执行组长：刘正山；课题组成员：刘东、冯立果、田博、侯启缘、朱俊成。本专题执笔人：刘正山。

摘　要

1978 年改革开放以来，东北经济逐渐衰落。近些年，国内诸多学者们做了研究分析，认为东北经济不振的主要原因在于：第一，东北地区保留了较多的计划经济残余，政府体制机制、民众思维观念滞后，营商环境差，市场经济缺乏活力；第二，东北产业结构、经济机构不合理，国有企业占主导作用，重化工业占比过重，过度依赖投资拉动经济；第三，改革开放后，基于"非均衡发展"战略，我国优先发展东部沿海地区，东北三省经济地位受到冲击。

我们认为，这些解释揭示了东北三省经济不振的部分原因，但没有论及根本原因。实际上，改革开放以来，东北三省的经济体制改革进展相对较快，曾经是经济发达地区，民众的思维观念并不滞后。在改革开放初期，东北某些地区一度开风气之先，走在各地的改革最前沿。1984 年，辽宁抚顺全面征收土地使用费，这是当时非沿海城市中起步最早的。只是这种改革势头并没有持续下去，也没有在东北三省全面推开。2008 年，西部地区的重庆正式成立农村土地交易所，开始了"地票"改革。但是直到 2014 年 4 月，东北三省第一家农村综合产权交易中心才在辽宁省海城市成立。

20 世纪 90 年代以来，东北三省经济开始下滑。2003 年 10 月，中共中央、国务院发布《关于实施东北地区等老工业基地振兴战略的若干意见》，明确了实施振兴战略的指导思想、方针任务和政策措施。此后，国家出台了一系列振兴东北经济的举措，包括《关于近期支持东北振兴若干重大政策举措的意见》《关于全面振兴东北地区等老工业基地的若干意见》《东北振兴"十三五"规划》等，形成了完整的东北经济振兴政策支持体系。

相对于西部大开发，东北三省经济依然没有获得应有的增长速度。振兴东北战略实施至今，东北三省在全国的经济地位仍呈下降的趋势。2003 年东北三省地区生产总值合计为 12955.16 亿元，占当年全国 GDP（135539.14 亿元）的比重为 10%。到 2017 年，东北三省地区生产总值总量是 55431 亿元，占全国 GDP（827122 亿元）比重下滑为 6.7%。2019 年，东北三省的地区生产总值总量在全国的份额下降到 5.07%；2020 年的占比继续下滑，至 5.03%。

2021 年是东北振兴战略实施的第 17 个年头。17 年来，东北振兴取得了阶段性成果，为东北三省应对经济新常态、推进新一轮振兴打下了坚实基础。然而，从总体上看，东北经济发展依然低迷，尤其是"新东北现象"的出现，被普遍认为东北当前又走到一个新的历史关口，亟须新的发展战略思路。

我们认为，东北振兴，还得从古典经济学家那里要智慧。古典经济学家威廉·配第说过："劳动是财富之父，土地是财富之母。"本专题拟首先对东北土地开发与东北经济崛起的历史进行回顾，其次对新时代的东北经济振兴的土地优势及其经济增长潜力进行实证研究，再次对东北土地要素经济增长效能发挥的制约因素进行分析，最后提出若干思考与建议。

一、土地开发与东北经济崛起：
历史回顾

　　"东北"一词，较早见于《周礼》，其中有记载"东北曰幽州"。但是，这里所说的"东北"与现今的"东北"并非一回事。

　　现今的"东北"，不同部门的界定也不同。按照国家发展改革委的界定，东北地区包括东北三省（辽宁省、吉林省、黑龙江省）和内蒙古自治区东部五盟市（呼伦贝尔市、兴安盟、通辽市、赤峰市和锡林郭勒盟）。[①] 但是，按照国家统计局的划分，东北地区包括辽宁、吉林、黑龙江3个省，并无内蒙古自治区东部的五个盟市。[②] 学术界的研究，除了认同前述两种界定之外，还有更为广义的"东北"之说，除了东北三省和内蒙古东部五盟市（也有的研究只包括其中三个盟市），还将河北省的东北部地区包括在内。对于东北的范围，本文主要采用国家统计局的界定，即主要指东北三省，个别地方采用国家发展改革委的界定。

　　从历史上看，女真族较早利用了东北的土地资源[③]，南宋史料《三朝北盟汇编》提到，金国"招燕云之民置之内地（东北），官给钱米赡之"。但是，当时主要处于游牧阶段。在明代之前，东北地区的生产主要以渔猎游牧为主，当地的少数民族逐水草而

---

① 国家发展改革委.党领导东北地区振兴发展的历史经验与启示［R］.2021－07－18.https：//www.thepaper.cn/newsDetail_forward_13634625.

② 2021年1—3月全国固定资产投资（不含农户）增长25.6% 比2019年1—3月增长6.0%［OL］.国家统计局，2021－04－16.http：//www.stats.gov.cn/tjsj/zxfb/202104/t20210416_1816310.html.

③ 沈岩.略论金代东北土地制度与农业发展［J］.文山学院学报，2015（4）.

居，种植业缺乏长期稳定的发展。① 明代虽然对东北进行了统治，却并未对东北实行行省制度。朱元璋在辽东半岛建立了辽东都司和许多羁縻卫所。明成祖时期，将东北划为三部：东北南部建立定辽都尉指挥使司，下设定辽等 25 个卫所；东北西部有兀良哈 3 卫；东北的北部与东部在明成祖时设奴儿干都司，下辖 184 个卫所。至万历末年，在东北设置了 300 多个卫所。可见，明代对东北侧重于军事管控，缺乏经济开发的考虑。

东北的经济开发真正开始于清代。而清代以来，东北是伴随着移民和土地的开发实现经济崛起的。

（一）清初"开放辽东"对东北土地的初步开发

17 世纪，清兵入关，基本上将山海关外的青壮年带入关内，东北便出现了"荒城废堡，败瓦残垣，沃野千里，有土无人"的萧条景象。② 据统计，1644 年，东北人口只有 40 万人，占全国人口 1.52 亿人的 0.26%。对于清代统治者而言，东北是其"龙兴之地"，经济萧条岂非凶兆？

顺治元年谕令："州县衙所荒地，无主者分给流民及官兵屯种，有主者官给牛种，三年起科。"顺治八年谕令："以山海关外荒地甚多，有愿至出关垦地者，令山海关道造册报部，分地居住。"顺治十年，以辽阳为府，辖海城、辽阳二县，颁布。关于《辽东招民开垦例》的内容，《盛京通志》记载如下："是年定例，辽东招民开垦至百名者，文授知县，武授守备。六十名以上，文授州同、州判，武授千总。五十名以上，文授县丞、主簿，武授

---

① 张雪. 东北土地资源的早期开发［J］. 边疆经济与文化，2013（8）.
② 曹妍，刘志超，范传南. 论清代东北的"禁"与"开"——以土地开发为中心［J］. 理论观察，2018（4）.

百总。招民数多者，每百名加一级。所招民每名口给月粮一斗。每地一晌给种六升。每百名给牛二十只。"顺治十二年规定："辽东招民百名者，考试身言书判，分为三等，除授知县，如不能通晓文义，咨送兵部，除授武职。"顺治十五年规定："文武乡绅垦地五十顷以上者，现任者记录，致仕者给匾旌奖。"顺治十六年规定："民人开垦荒地二千亩以上者，以卫千总用，武举开垦二千亩以上者，于应授职衔加一等，以署守备用。"

这一政策促进了东北的移民和土地的开发。据统计，顺治十八年（1661 年），奉天、锦州两府人口占辽东人口的94%；康熙二十八年时，"盛京旗民日增，较前稠密"。

（二）康熙至乾隆朝"封禁政策"

据悉，由于内地汉人进入东北越来越多，已经开始威胁到了原住民，特别是满族上层在东北的权益，康熙七年（1668 年）清政府下令禁止招民开垦，"辽东招民授官永著停止"[①]。由此，清政府对东北实行了长达 190 多年的严厉"封禁政策"。

从乾隆五年（1740 年）至乾隆十四年（1749 年），东北各地陆续实行封禁。例如，乾隆二年（1737 年），特在山海关设临榆县，严查汉人出关事宜，包括汉军八旗，统由县衙发给"路票"。乾隆十年（公元1745 年）前后，由于流民禁而不止，清政府开始对宁古塔等处流入的汉族农民进行驱逐，并派拨官兵前往查拿。乾隆四十一年（1776 年）十二月，乾隆帝下诏谕军机大臣等："盛京、吉林为本朝龙兴之地，若听流民杂处，殊与满洲风俗攸关。但承平已久，盛京地方与山东直隶接壤流民渐集，一旦

---

① 张雪. 东北土地资源的早期开发［J］. 边疆经济与文化，2013（8）.

验余必致各失生计，是以设立州县管理。""至吉林原不与汉地相连，不便令民居住。"这种措施仍是不许旗民杂处，防止旗人"耳濡目染，习成汉俗，不复知有骑射本艺"。又令吉林"永行禁止流民入境"。乾隆四十六年（1781年）又规定，流民在东北私垦地亩，照内陆田赋额酌量加赠，"以杜流民占地之弊"。

有学者认为清政府"封禁政策"是失败的，其理由是在封禁的年代里，东北的流民反而较以往增加更快。盛京、吉林、黑龙江三地，乾隆前期人口总数约45万人。至道光二十年（1840年），已达到300多万人，近百年间，人口增长了七八倍。土地开垦也成倍地增加，据统计，只盛京地区嘉庆年间的民地就已为雍正时期的一倍以上。[①]

但是，我们认为，由于封禁政策东北人口增长较为缓慢，到1839年，东北人口才增长到299万人，约为全国人口的0.74%。[②]

（三）清末至1949年的东北经济开发

咸丰末年，内忧外患，财政出现危机，清政府对东北部分土地进行了"丈放"。所谓"丈放"，即政府向老百姓收价出放官有荒地。咸丰十年（1860年），吉林、黑龙江土地开禁，荒地陆续"丈放"。有记载称：自咸丰十一年（1861年）起至同治七年（1868年）止，8年时间内仅黑龙江即出放"毛荒二十余万垧"[③]。

甲午战争之后，清政府实行"移民实边""以利饷源"的政

---

① 张雪. 东北土地资源的早期开发［J］. 边疆经济与文化，2013（8）.

② 刘正山. 人口与东北经济发展：历史演化与政策建议［M］//东北财经大学东北亚经济研究院. 东北亚经济发展报告（2019）. 北京：中国金融出版社，2020.

③ 1垧即1公顷。

策，决定将东北地区彻底开禁，由此，东北土地开发迈上快车道。据统计，至清末，黑龙江省放荒约为 600 万公顷。

中华民国成立后，政府颁布《国有荒地承垦条例》等措施鼓励关内移民来东北垦殖。当时的土地政策包括土地丈放、催垦、抢垦及屯垦办法。积极进取的土地政策吸引了大量移民，对东北经济崛起起到决定性作用。据统计，东北耕地面积从 1914 年的 867 万公顷增加到 1927 年的 1130 多万公顷，增加了 28%。其中黑龙江省增幅最大，达 44%；而吉林省增加耕地最多，超过 123 万公顷。辽宁省（时称奉天）新增的耕地面积也超过 26.4 万公顷（见专表 3-1）。而吉林省和黑龙江省土地开垦的潜力仍很大，1914 年后的耕地面积大幅度增加。1927 年同 1914 年比较，两省耕地分别增长 38.5% 和 44.1%。尤其是 1925 年后，随着关内移民数量的猛增，耕地面积的增长速度也随之加快。据调查，自 1925 年后，东北每年都有三四十万公顷耕地的增加。1925 年至 1927 年底的 3 年间，东北全境的耕地约增长 14%。

专表 3-1　东北三省耕地面积统计（1914—1927 年）

单位：公顷

省份	1914 年	1927 年
辽宁省	3427514	3691533
吉林省	3187337	4414533
黑龙江省	2320590	3344933

再看劳动力情况。1871 年，东北地区人口为 402 万人；到了 1911 年，人口迅猛增加到 1996 万人；到 1930 年，东北人口增长到 2996.1 万人。伴随着充足的人口资源和大量黑土地的开发，东北很快成为当时中国最发达的地区。1942 年，东北城市化水平达到 23.8%，相当于全国 1986 年的水平。东北地区在 1945 年时甚至超过日本，成为亚洲第一经济体。

（四）解放战争及 1949 年以来的东北土地政策

应该说，解放战争之前，东北的土地关系极为复杂。其中，清代东北土地产权具有多元性，主要可分为官有地、公有地、私有地、皇产、蒙地五种，除此之外还有总有地、浮多地、荒地等，而各种名目的土地构成也颇复杂。[①]

中华民国成立后，奉天省的皇室土地少部分为军阀没收，大部分在法律上承认其为前清皇室的私有地。奉天省和吉林省管理官庄，只是把原清室对庄丁佃户的关系转移到庄头与丁佃之间。

"九·一八"事变后，在日本帝国主义的殖民统治之下，土地占有关系也发生了变化。日本对东北土地进行了大肆掠夺。据《关东州统计 20 年志》记载，到 1925 年，在关东州农民的 9.39 亿坪[②]土地中，已被日本侵略者掠去 2.85 亿坪，占 30.35%；95013.1 町步[③]山野地被掠夺去 79182.9 町步，占 83.34%。到 1941 年初，"满洲拓殖公社"掠夺土地达 2002.6 万公顷，是日本国内耕地面积的 3.7 倍，占中国东北已耕地和可耕未垦地总和的 66.6%。截至 1945 年，日本在中国东北共掠夺移民用地达 2600 余万公顷。[④]

1945 年日本政府投降之后，中国共产党在东北推行土地改革措施。中共中央东北局于 1946 年 7 月 7 日发出关于动员干部下乡发动群众建立根据地的指示。1946 年七八月份，东北区有 1.2 万名干部下乡，贯彻"五四指示"，掀起土地改革运动。截至 1946

[①] 张云樵，张占斌. 东北土地制度的探讨 [J]. 松辽学刊（社会科学版），1986（2）.

[②] 坪为日本土地单位，1 坪等于 3.3 平方米。

[③] 町步为日本土地单位，1 町步为 1 公顷。

[④] 孟月明. 日本侵华期间对东北土地的掠夺 [N]. 中国社会科学报，2019 – 07 – 08（B5）.

年10月底，东北500万名无地或少地农民已获得1730万公顷土地。据1949年8月中共中央统战部撰写的《土地农民问题和中国共产党的土地改革》一文统计，到1949年6月，东北解放区总面积已达到88.36万平方公里，总人口4020.5万人，其中农业人口3032.5万人。全区共没收分配土地104万公顷，加上原有的土地，农业人口人均拥有土地0.54公顷，农村的面貌焕然一新，生产迅速恢复和发展。在土地改革中，获得土地、粮食、房屋的农民，为了保卫翻身果实，以"保田参军"为口号，到处掀起参军热潮，踊跃加入解放军。东北解放区土地改革3年（1947—1949年）以来，共有160万人参军。为了"保家保田"，解放区农民在物资、人力等各方面保障解放军的前方供应。在物资上，翻身农民积极交售公粮。东北解放区3年来共交纳450万吨公粮，质量之好、速度之快是空前的；1948年底起征的公粮到旧历年时，前后不过1个多月即已完成95%以上。东北的土地改革是"三大战役"首捷的重要基础，而且为新中国成立后的土地改革运动打下了良好基础。[①]

　　1949年新中国成立之后，东北的土地改革有力支持了工业化建设，为东北成为全国经济中心奠定了基础。至1949年，东北已有相当雄厚的铁路、电力与轻重工业基础，铁路长12000公里，发电设备产能177万瓦，炼铁设备产能250万吨，炼钢设备产能133万吨，煤产量曾达到2562万吨，东北的地区生产总值曾一度超过全国总量的10%以上。[②] 但是，人民公社化之后，土地产权激励不足，导致粮食减产、农业倒退。

---

　　① 刘正山. 大国地权——中国五千年土地制度变革史［M］. 武汉：华中科技大学出版社，2014.
　　② 孙倩. 中国东北农村土地制度演进及发展研究［D］. 吉林大学，2019.

1978 年改革开放以来，土地要素逐步开始走向市场化配置。由于东北是重工业基地，国有单位占比很大，改革意识不够强，直到 1983 年东北地区才全面确立家庭承包责任制。在城镇土地使用制度改革方面，个别地方的试点超前。例如，1984 年 1 月起，辽宁省抚顺市全面征收土地使用费，并出台了《征收土地使用费暂行办法》，这是当时非沿海城市中土地使用收费起步最早的。1985 年 1 月 9 日，财政部下文，确定辽宁省抚顺市为征收土地使用费的试点城市，抚顺市是全国仅有的一个试点。[①] 据统计，1984—1986 年，通过土地有偿使用改革，抚顺市在 3 年时间内共收取土地使用费 2837 万元。这项改革不仅促进了土地要素市场化配置，而且弥补了城市建设资金的不足，还对全国的土地要素市场化改革起到了积极作用。1986 年，国家土地管理局成立，东北三省当时已经有很多城市实行了或全面或局部的征收土地使用费改革。

但是，东北总体改革意识不足，土地制度创新的势头未能延续。2008 年，西部地区的重庆正式成立农村土地交易所，开始了"地票"改革。直到 2014 年 4 月，东北第一家农村综合产权交易中心才在辽宁省海城市成立。

二、新时代的东北三省经济振兴：土地优势及其经济增长潜力

现今关于东北三省经济振兴的研究，大多着眼于国有经济比重大、历史包袱重、营商环境不够好及一些经济体制机制上的问题。从我国改革开放以来的经济发展经验看，从要素市场化改革

---

① 刘正山．当代中国土地制度史（下册）［M］．大连：东北财经大学出版社，2015.

入手，破除阻碍经济增长的壁垒，是实现经济增长的重要举措。

从东北三省的现实出发，我们认为，首先，东北三省的经济结构仍偏重于农业，土地的数量和质量均有明显的优势。其次，充分考虑到东北三省人口变化的现状和趋势、资本与技术的贡献因素，从要素市场化配置的角度看，破除土地要素流动的体制机制障碍将是未来东北三省经济增长最主要的潜力。

（一）东北三省土地数量与质量优势的一般性分析

考虑到 2020 年经济增长受到新冠肺炎疫情影响，我们使用 2019 年的数据进行比较分析（见专表 3-2）。

专表 3-2　东北三省与全国和日本、韩国、中国台湾经济结构比较（2019 年）

地区	人均 GDP/元	城镇化率/%	第一产业增加值比率/%	第二产业增加值比率/%	第三产业增加值比率/%
全国	70892	60.60	7.10	39.00	53.90
辽宁省	57191	68.11	8.74	38.26	52.99
吉林省	43582	58.27	11.00	35.20	53.80
黑龙江省	36183	60.90	23.38	26.56	50.06
中国台湾	183003.4	89.1	1.76	35.61	62.08
韩国	219689.6	81.43	1.62	32.83	65.55
日本	345704.5	91.698	1.24	29.07	69.69

注：（1）表中数据来自《中国统计年鉴（2020）》，辽宁省、吉林省、黑龙江省的 2019 年统计公报，世界银行数据库。（2）中国台湾、韩国、日本的人均 GDP 数据，按照《中国统计年鉴（2020）》所载 2019 年平均汇率数据（100 美元 = 689.85 元人民币）折算。（3）日本的三次产业占比，为 2018 年度数据；中国台湾的城镇化率系 2016 年数据。

由专表 3-2 可见，东北三省的人均 GDP 低于全国平均水平，与中国台湾、韩国、日本的差距很大；常住人口城镇化率接近或者超过全国平均水平，但与中国台湾、韩国和日本的差距仍很大，农村人口转移的空间很大；第一产业增加值的占比过高，不仅高于全国平均水平，其数据是中国台湾、韩国和日本的大约

8～20倍。

从中国台湾、韩国和日本的经济发展历史看，土地制度的变化将是经济增长的重要基础和保障：通过农业土地规模化经营，实现农业效率的提升；农民退出土地，并获得创业资本，为工业化发展与经济增长提供基本要素。[①]

单纯就一种生产要素而言，土地对于东北的经济发展，是明显的优势。

1. 东北三省耕地的数量与质量优势

东北三省有广袤的耕地资源，如吉林省人均耕地0.203公顷，是全国平均水平的两倍多；黑龙江省人均耕地面积0.416公顷，是全国平均水平的4.1倍。[②]

东北不仅农地数量占据优势，农地质量也具有显著的优势。根据《2019年全国耕地质量等级情况公报》（农业农村部公报〔2020〕1号），全国耕地按质量等级由高到低依次划分为一至十等，其中，一等为质量之最。全国一等地共9.2万平方公里（占比6.82%），主要分布地为东北区、长江中下游区、西南区、黄淮区。

农业农村部认为的"东北区"，包括辽宁省、吉林省、黑龙江省全部和内蒙古自治区东北部，共划分为兴安岭林区、松嫩—三江平原农业区、长白山地林农区、辽宁平原丘陵农林区4个二级区。东北区总耕地面积29.9万平方公里，平均等级为3.59等。

评价为一至三等的耕地面积为15.6万平方公里，占东北区耕地总面积的52.01%（见专图3-1），主要分布在松嫩平原、松

---

① 周天勇. 中国：理想经济增长［M］//上海：格致出版社，2020：143-144.
② 刘正山. 关于设立土地改革试验区、振兴东北经济的思考［M］. 东北财经大学东北亚经济研究院. 东北亚经济发展报告（2019）. 北京：中国金融出版社，2020.

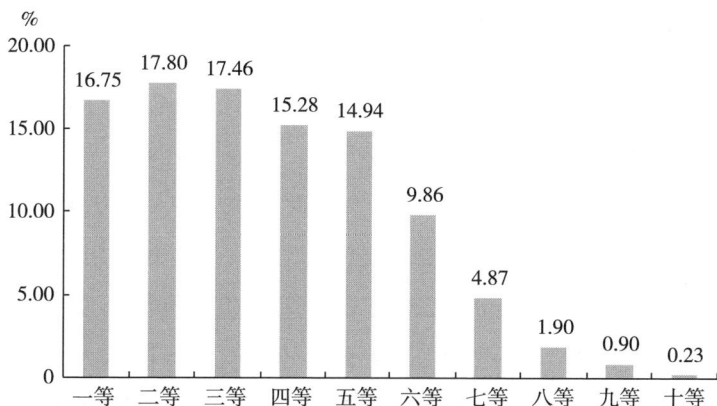

专图3-1 东北区各等级耕地所占比例

辽平原、三江平原、大兴安岭两侧高平原和长白山地林农区的部分盆地中，以黑土、草甸土、暗棕壤和黑钙土为主，没有明显的障碍因素。

评价为四至六等的耕地面积为12万平方公里，占该区耕地总面积的40.08%，主要分布在松嫩平原、松辽平原、建三江平原、大兴安岭东侧高平原，长白山地、辽西低山丘陵和辽东山地周边的中下部，以暗棕壤、草甸土、黑钙土为主。这部分耕地立地条件较好，基础地力中等，灌排能力基本满足，部分耕地存在盐渍化、潜育化、障碍层次和瘠薄等障碍因素。

评价为七至十等的耕地面积为2.3万平方公里，占该区耕地总面积的7.90%，主要分布在松嫩平原西部、三江平原地势较低处，小兴安岭至黑龙江延伸地带，长白山、辽西低山丘陵和辽东山地的坡中坡上，以草甸土、暗棕壤、黑钙土和风沙土为主。这部分耕地立地条件较差，基础地力较低，土壤结构松散，农田基础设施缺乏，灌溉条件不足，存在盐碱、瘠薄、潜育化、障碍层次、酸化等障碍因素，并伴有风蚀和水蚀危害。

2. 东北三省其他土地的优势

从建设用地看，东北三省的城镇建设用地包括宅基地面积相对较大，如黑龙江省2019年城镇村及工矿用地面积为123.7万公顷，辽宁省2019年城镇村及工矿用地面积为134.80万公顷，吉林省居民地及工矿用地84.21万公顷。①

从林地看，东北三省拥有得天独厚的林地资源。截至2018年底，黑龙江的林地面积为2181.9万公顷，全省森林覆盖率为46.14%，活立木总蓄积量为18.29亿立方米。辽宁林地面积为561.32万公顷，占土地总面积的38.47%。吉林省林业用地总面积为953.1万公顷，森林覆盖率达44.2%，是全国重点林业省份之一。②

从未利用土地情况看，东北三省的未利用土地多达913.33万公顷，其中，吉林省未利用土地面积为142万公顷，辽宁省未利用土地面积为167.79万公顷，黑龙江省未利用土地面积为600.63万公顷。③ 这些土地资产可以开发利用，作为耕地、建设用地，或者作为占补平衡指标跨省交易，是宝贵的资产。

（二）土地要素与东北三省经济增长潜力估算

除了我们此前对于东北三省土地资产估计及其对经济增长的

---

① 黑龙江与辽宁的数据出自统计年鉴；吉林省的数据为2013年的，出自吉林省自然资源厅官方网站，http：//zrzy.jl.gov.cn/zwgk/zygk/201708/t20170816_5189860.html。
② 本报告的研究侧重于耕地、各类建设用地，林地将另文研究。
③ 吉林省未利用土地数据来自吉林省自然资源厅官方网站2018年8月14日更新的数据，网址：http：//zrzy.jl.gov.cn/zwgk/zygk/201808/t20180814_5189864.html。辽宁省未利用土地数据来自《辽宁省统计年鉴（2020）》。黑龙江省未利用土地数据来自《黑龙江省土地利用总体规划（2006—2020年）》。

相关分析①，有学者使用计量经济学的分析工具，基于2001—2018年城市面板数据，分析土地要素对东北地区经济高质量发展的影响，结果发现，土地要素对经济高质量发展具有显著的正向直接效应和空间溢出效应，即土地要素每增加1%，会引起本地区和邻近城市经济高质量发展分别提升0.106%和0.051%；对东北地区而言，固定资产投资和研发经费支出增加有利于经济高质量发展，二者分别增加1%会使经济高质量发展提升0.033%和0.051%。②很显然，土地要素的贡献要大于固定资产投资和研发的贡献。但是，此项研究只是简单地使用了空间杜宾模型和门槛模型，没有充分研究不同变量之间的经济学关系。

我们将从两个角度，使用索洛模型并将土地要素纳入，估算不同要素对于东北经济增长的潜力。

1. 索洛模型的劳动、资本等要素贡献与东北经济增长分析

我国一些学者（丰雷、魏丽、蒋妍，2008；叶剑平、马长发、张庆红，2011；王建康、谷国锋，2015）使用"扩展"的索洛模型，将土地要素直接纳入 C-D 函数之中，并假设规模报酬不变，测算土地要素的经济贡献。对于土地要素，这些研究均使用的是建设用地面积。这实际上有一个潜在的假设，即土地对于经济增长只是空间承载，这对土地资本等多重贡献是极大的忽略。

我们将从两个不同的角度进行分析：一是使用建设用地面积作为土地要素，主要是对空间承载贡献的分析；二是使用全部土

---

① 刘正山. 关于设立土地改革试验区、振兴东北经济的思考［M］//东北财经大学东北亚经济研究院. 东北亚经济发展报告（2019）. 北京：中国金融出版社，2020.

② 薛领，李涛. 土地要素对东北地区经济高质量发展的影响［J］. 社会科学辑刊，2020（5）.

地的潜在价值估算及假设还原法分析土地要素的贡献（见后文），侧重于土地的增加值估算，这是对GDP的直接贡献。

采用C－D函数形式，假设经济增长（Y）与资本（K）、劳动（L）、土地（N）具有以下函数关系：

$$Y = A K^\alpha L^\beta N^\gamma$$

式中：Y为产出；K、L、N分别为资本、劳动、土地；A为全要素生产率，α、β、γ分别为资本、劳动、土地三种要素的产出弹性系数，如果规模报酬不变，则α＋β＋γ＝1。

对函数式两侧取对数之后，得到线性函数式：

$$\ln Y = \ln A + \alpha \ln K + \beta \ln L + \gamma \ln N$$

（1）变量与数据。

被解释变量，使用不变价格GDP；解释变量中，资本存量综合张军、章元（2003）和单豪杰（2008）的估算方法进行估计[①]，劳动使用全社会从业人员数[②]，土地使用城市建设用地面积。本报告采用2003年至2019年的数据进行估算[③]，数据来自《中国统计年鉴》《中国城市建设统计年鉴》和东北三省的相应年度的统计年鉴。

（2）计量模型及结果。

使用辽宁、吉林、黑龙江三省2003—2019年的面板数据（Panel Data）进行分析，回归模型如下：

$$\ln Y_{it} = \alpha \ln K_{it} + \beta \ln L_{it} + \gamma \ln N_{it} + \varepsilon_{it}$$

---

① 具体算法参见：李言，高波，雷红. 中国地区要素生产率的变迁：1978—2016［J］. 数量经济技术经济研究，2018（10）.

② 有学者研究认为，劳动投入的亨利指标应选择全社会从业人员，而非城镇单位就业人员。参见：田友春，卢盛荣，靳来群. 方法、数据与全要素生产率测算差异［J］. 数量经济技术经济研究，2017（12）.

③ 之所以从2003年开始计算，是因为中共中央、国务院作出实施东北地区等老工业基地振兴战略决策的时间为2003年。

单位根检验可见，不存在单位根，各个变量是同阶平稳的（见专表3－3）。

专表3－3 单位根检验结果

Method	Statistic	Prob.**	Cross－sections	Obs
Null：Unit root（assumes common unit root process）				
Levin, Lin & Chu t*	－9.96154	0.0000	12	182
Null：Unit root（assumes individual unit root process）				
Im, Pesaran and Shin W－stat	－5.02804	0.0000	12	182
ADF－Fisher Chi－square	69.9040	0.0000	12	182
PP－Fisher Chi－square	78.6076	0.0000	12	192

不考虑异质性，采用混合模型，估算结果如专表3－4所示。

专表3－4 混合模型估计结果

变量	系数
K	0.408097 *** (15.1257)
L	－0.38767 *** (－3.3869)
N	1.08366 *** (7.76658)

注：*** 为 $P < 0.01$。

回归方程则为：

$$\ln Y = 0.408097\ln K - 0.38767\ln L + 1.08366\ln N$$

从回归模型估算的结果看，资本的系数为0.408097，表明其对经济增长具有积极促进作用。

劳动力的系数为负值，表明其对东北经济增长的贡献为负。

从未来的趋势看，劳动力的贡献还将下降，一方面是因为东北人口持续下降（见专表3-5）。黑龙江省2015—2019年各年的人口自然增长率均为负值；吉林省2016年和2019年人口自然增长率为负值；辽宁省2010—2019年有7年的人口自然增长率为负值。另一方面是因为东北三省人口外流较为严重。第七次全国人口普查数据显示，与2010年相比，东部地区人口占全国人口的比重上升2.15个百分点，中部地区下降0.79个百分点，西部地区上升0.22个百分点，东北三省下降1.20个百分点。此外，劳动力市场扭曲，也是一个不容忽略的因素，如有学者研究发现，若劳动力市场扭曲得到改善，全要素生产率可以提高33.12%。[①]

专表3-5　东北三省人口自然增长率

单位：‰

省份	2015年	2016年	2017年	2018年	2019年
吉林省	0.34	-0.05	0.26	0.36	-0.85
黑龙江省	-0.60	-0.49	-0.41	-0.69	-1.01
辽宁省	-0.8	1.0	-7.8	-0.3	-0.3

注：数据来自吉林省、黑龙江省、辽宁省的相应年度的统计年鉴。

考虑技术进步的因素，使用面板数据回归分析，得出 $\ln A = -3.388139$，则 $A = 0.03377$，表明东北三省技术进步的弹性系数为0.03377，低于资本、劳动力和土地的相关值。

综合而言，未来劳动力对于经济增长的贡献将为负值，资本的贡献将小于土地，土地是未来东北三省经济振兴的首动力。

土地要素尽管只是考虑了其空间承载的功能，但回归系数值为1.08，高于资本的系数值，表明土地要素的贡献大于资本，而且是这几大要素中贡献最大的一部分。

[①] 盖庆恩，朱喜，程名望，史清华．要素市场扭曲、垄断势力与全要素生产率 [J]．经济研究，2015（5）．

考虑异质性，我们采用变系数模型，得到东北三省的相关数据如专表 3 - 6 所示。

专表 3 - 6　变系数模型估计结果

省份	K	L	N
辽宁省	0.59 *** (5.57)	− 0.21 *** (− 2.56)	0.24 *** (0.74)
吉林省	0.37 *** (4.31)	1.2 *** (3.68)	0.49 *** (1.53)
黑龙江省	0.57 *** (15.49)	− 0.21 *** (− 1.56)	0.92 *** (2.72)

注：*** 为 $P < 0.01$。

从专表 3 - 6 的估算结果可见，东北三省的土地贡献均大于资本，辽宁省与黑龙江省的劳动力贡献均为负值，但吉林省的为正值。当然，劳动力这一指标数值的选取是有很大缺陷的，估算结果可能不够准确。从文献看，一些学者采用了一些新的估算方法，如考虑从业人员受教育水平的有效劳动力（全部从业人员受教育年限和）＝各省、直辖市、自治区三次产业从业人员数×6岁以及 6 岁以上人口平均受教育年限。[1] 或者采用以下步骤测算地区劳动力投入数据：第一步，通过测算得到各地区 15 ~ 64 岁人口数据，假设每个年龄组内的人口分布是平均分布；第二步，将各地区 15 ~ 64 岁人口数据进行加总，然后比上年全国层面的就业人员数据，从而获得每一年就业人员数占 15 ~ 64 岁人口数据比重；第三步，利用第二步获得的各年比重与 15 ~ 64 岁人口数据相乘，从而获得地区就业人员数，即劳动力投入数据。[2] 但是这些

---

① 张健华，王鹏. 中国全要素生产率：基于分省份资本折旧率的再估计 [J]. 管理世界，2012 (10).

② 李言，高波，雷红. 中国地区要素生产率的变迁：1978—2016 [J]. 数量经济技术经济研究，2018 (10).

估算方法尚处于探索阶段。

2. 土地要素市场化改革与东北三省经济增长潜力分析

土地是经济增长中至关重要的生产要素，但是，目前的土地改革中仍存在一定的问题，导致土地要素未能按照《中共中央国务院关于构建更加完善的要素市场化配置体制机制的意见》（2020 年 3 月 30 日）所要求的"自由流动"，从而无法充分发挥其经济增长的效能。

将土地要素真正纳入经济增长模型之中，不仅要考虑前述模型所描述的承载空间功能，更要考虑土地作为资本或者资产对经济产出的贡献。从当今的经济核算可见，在固定资产投资中，部分性考虑了土地贡献。但是，从经济增长潜力的估算看，要考虑从土地的不可交易到可交易转变过程中的土地贡献显化因素，也就是说，土地的市场体制性偏差（与真正的市场化之间存在差距）导致的潜在经济增长损失要纳入模型之中；而且一旦大力推进了土地要素市场化，这些潜在的损失将成为经济增长的巨大贡献。

根据周天勇的模型[①]，还原土地可以由市场配置获得的全要素生产率增进和经济增长潜能，即：

$$Y + \Delta Y_1 = (A + \Delta A) \, L^\alpha \, K^\beta$$

式中，ΔY_1 为土地经过交易形成的价值体现，可计入 GDP，ΔA 代表土地通过交易再配置改善获得的 TFP。

$$\Delta Y_1 = \Delta A \times \frac{Y}{A} = LZ \times TR$$

式中，LZ 为土地资产，TR 为土地交易比率。

那么，我们只要估算出东北三省的土地资产价值，以及土地

[①] 周天勇. 中国：理想经济增长 [M]. 上海：格致出版社，2020：169.

可交易的比率，就能估算出土地的经济贡献值。

一是耕地的经济价值估算。参照国务院办公厅 2018 年 3 月 10 日印发的《跨省域补充耕地国家统筹管理办法》，考虑调节系数等因素，我们对东北三省耕地的估值为 33 万亿元（见专表 3 - 7）。

专表 3 - 7　东北三省耕地估值

省份	耕地面积/万公顷	估值/亿元
辽宁	496.81	74521.5
黑龙江	1584.4	190128
吉林	553.46	66415.2
东北三省合计	2634.67	331064.7

资料来源：刘正山. 土地要素对 GDP 贡献的新分析［J］. 市长参考，2021（1）.

二是农村宅基地的价值估算。这方面官方并无统计数据。此前，我们按照农村人均宅基地 30 平方米的最为保守的标准估计，东北三省宅基地面积为 11.93 亿平方米（刘正山，2021）。但有学者估算的面积远远大于我们的估计数，如刘丹、巩前文（2021）估算 2018 年各省的农村宅基地面积中，辽宁省为 37.59 亿平方米，吉林省为 19.08 亿平方米，黑龙江省为 26.03 亿平方米，合计为 82.70 亿平方米。如果按照经济日报社 2021 年对 16 个省份的 125 个村庄的乡村建设情况的调查，当前村庄的人均宅基地面积为 59.03 平方米，那么，可以估算辽宁省、吉林省、黑龙江省农村宅基地面积分别为 8.19 亿平方米、6.63 亿平方米、8.66 亿平方米，合计为 23.48 亿平方米。这一数据尽管比我们此前的估计为大，但也小于刘丹、巩前文（2021）的数据。

从总体上看，据农业农村部的统计，截至 2019 年底，全国宅基地总面积为 1133.33 亿平方米。[①] 1133.33 亿平方米相当于全国

---

① 于文静. 农村集体产权制度改革取得阶段性重要成效［N/OL］. 新华社，2020 - 11 - 04. http：//www. gov. cn/xinwen/2020 - 08/21/content _ 5536464. htm.

耕地（13486.67 亿平方米，2019 年数据）的 8.4%。刘丹、巩前文（2021）估计 2018 年全国宅基地面积为 901.45 亿平方米，与农业农村部的数据较为接近。本文的宅基地数据主要参考刘丹、巩前文（2021）的估算，但需要说明的是，刘丹、巩前文（2021）估计辽宁省宅基地面积为 37.59 亿平方米，但辽宁省官方统计的数据却是 31.42 亿平方米[①]，差额为 6.17 亿平方米，因此，我们做了一些修正，估计东北三省的农村宅基地面积为 80.33 亿平方米。[②]

由于目前宅基地不允许流转或者不允许跨城乡流转，我们无法获知其交易价格，只能按照假设交易法予以估算，当然估算出来的是隐性价值。按照基准地价，住宅用地价格通常高于工业等用地，但低于商业用地，因此，我们可以参照集体经营性用地的入市价。据官方信息，截至 2018 年 3 月，集体经营性建设用地入市地块 812 宗，面积 1066 万平方米，总价款约 183 亿元，则每平方米均价在 1716.7 元。[③] 那么，按照 1500 元/平方米计算，则东

① 辽宁省农业农村厅进一步推进农村闲置宅基地利用工作 ［N/OL］. 辽宁省人民政府网，2020 – 09 – 01. http：//www. agri. cn/V20/ZX/qgxxlb ＿ 1/ln/202009/t20200901 ＿ 7502831. htm.

② 除了辽宁省公布了全省农村宅基地面积外，黑龙江省和吉林省的尚未查到。但是，我们参考了东北三省关于宅基地面积的规定，并用此对东北三省宅基地数据进行优化估计。《黑龙江省农村宅基地管理办法》规定宅基地的面积标准为：使用耕地的，最高不超过 125 平方米；使用其他土地的，最高不超过 140 平方米，山区有条件利用荒地、荒坡的，最高不超过 160 平方米；《吉林省农村宅基地管理办法》规定，农村宅基地的面积按照下列标准执行：人均耕地不足 1000 平方米的平原或者山区县（市），每处宅基地不得超过 200 平方米，人均耕地 1000 平方米以上的平原或者山区县（市），每处宅基地不得超过 233 平方米，坝上地区，每处宅基地不得超过 467 平方米；辽宁省农业农村厅、辽宁省自然资源厅《关于加强农村宅基地审批管理工作的通知》（辽农合〔2020〕88 号）规定，农村宅基地（含建筑面积和附属设施面积）的用地标准实行上限控制，按照村内人均耕地 1300 平方米以上、666.67 ~ 1300 平方米、666.67 平方米以下 3 个档，宅基地占地面积不超过 400 平方米、300 平方米、200 平方米标准。

③ 叶开. 集体建设用地入市改革：33 个地区试点，亩均超百万 ［N/OL］. 第一财经，2018 – 05 – 29. https：//www. yicai. com/news/5427185. html.

北三省农村宅基地总价值为12.05万亿元。

三是农村集体经营性建设用地估值。这方面也没有可靠的数据，据全国的情况估算，集体经营性建设用地约相当于宅基地面积的1/3，我们估计东北三省的集体经营性建设用地的估值为4万亿元。

四是城镇建设用地资产估值。根据《中国城市统计年鉴(2019)》可以查阅到东北三省各个城市的建设用地面积（包括住宅用地面积）。按照当年的城市土地出让金平均水平估算，东北三省城镇建设用地资产合计为118417.5亿元（见专表3-8）。

专表3-8 东北三省城市建设用地估值

省份	城市建设用地状况/平方公里	估值/亿元
辽宁省	2370	53325
吉林省	1018	22905
黑龙江省	1875	42187.5

此外，工矿用地、交通运输用地、林地、草地等，均有其重要的价值，鉴于具体数据获取等问题，此处不予以估值。

东北的耕地、农村宅基地、农村集体经营性建设用地、城市建设用地等总资产（未计后备土地、林地等）估值约为61.345万亿元。

当然，对于不同的土地，土地交易的价格和交易比率的确定是不同的。比如耕地，不同地区的流转价格不同，江苏省土地流转的平均每年价格为1.2~1.5元/平方米①；上海市崇明县土地流转平均价格将近每年4.48元/平方米，黑龙江省平均每年为

① 吴永.苏垦农发业绩呈稳定增长态势 年报提示土地流转风险引关注［N/OL］.新华社客户端，2021-05-14. https：//baijiahao. baidu. com/s？id=1699694457760619203.

0.75～1.95 元/平方米等。① 至于土地流转率，2015 年，吉林省农村土地流转总面积为 112.2 万公顷，占家庭承包面积的 27%，同比增长 3%。② 假设目前东北三省土地已流转 35%，平均每平方米每年的价格为 1.5 元，合计 146.04 亿元。当然，这个数据每年还会上调，不仅是交易数量会增加，土地流转价格也会上涨。

此外，如果考虑跨省耕地占补平衡指标交易，农地交易金额将大大增加。目前，吉林省未利用地 142 万公顷，其中至少 26 万公顷可以作为耕地后备资源③；辽宁省 2019 年未利用土地面积为 167.79 万公顷（大于 2003 年的 141 万公顷）④，据《辽宁省土地利用总体规划（2006—2020 年）调整方案》（发布时间为 2017 年 12 月 14 日）中所说"到 2020 年……开发利用低丘缓坡荒滩等未利用地，力争拓展城镇和园区发展空间 1.00 万公顷"估计，每年可开发 0.5 万公顷土地用于补充耕地；据《黑龙江省土地利用总体规划（2006—2020 年）》，全省未利用地面积 600.63 万公顷，占全省土地面积的 13.3%。据 2008 年的一项研究，黑龙江省耕地后备资源潜力总量为 120.5 万公顷，其中待开发耕地后备资源潜力 62.89 万公顷，占全省耕地后备资源潜力总量的 52.19%。⑤ 假设东北三省每年开垦后备土地 2.5 万公顷，并将指标跨省流转，则估值至少为 375 亿元。

---

① 农村土地流转，各地区租金大汇总［OL］. 地合网，2017 - 08 - 22. http：// www. tdzyw. com/2017/0822/44429. html.

② 李慧. 土地流转在各地加速推进［N/OL］. 光明日报，2016 - 11 - 24. https：//epa- per. gmw. cn/gmrb/html/2016 - 11/24/nw. D110000gmrb _ 20161124 _ 3 - 15. htm? div = - 1.

③ 此数据来自吉林省自然资源厅官方网站 2018 年 8 月 14 日更新的数据，http：// zrzy. jl. gov. cn/zwgk/zygk/201808/t20180814 _ 5189864. html.

④ 此数据来自辽宁省统计年鉴。

⑤ 王建. 黑龙江耕地后备资源调查完成　后备耕地总量 1800 万亩，占全省耕地总量的 10.12%［N/OL］. 中国国土资源报，2008 - 12 - 18. 网址：http：// www. mnr. gov. cn/dt/zb/ 2016/gd/beijingziliao/200812/t20081218 _ 2128675. html.

　　至于农村宅基地、集体经营性建设用地，其交易率可以参考我们此前的估算，按每年0.5%取，则交易值为820.25亿元。

　　城市建设用地的交易和城市更新①等带来的增值，综合考虑，保守取交易比率值每年为0.8%，则交易值为947.34亿元。

　　上述年交易额合计为2288.63亿元（交易比率约为0.37%），相当于2019年东北三省地区生产总值5万亿元的4.58%。可见，如果大力度实行土地改革，充分唤醒沉睡的土地资产，农地充分流转、宅基地和集体经营性用地市场化入市交易、城市建设用地合理流动和交易，每年土地交易并可计入地区生产总值的价值，相当于东北三省地区生产总值的4个百分点左右，即便劳动的经济增长贡献为负值，抵消之后的经济增长贡献也在3个百分点左右。这将对实现东北经济振兴目标作出实质性、突破性的重大贡献。

---

　　①　我们认为，城市更新不应当搞大拆大建。

三、东北三省土地利用中存在的突出问题

　　东北三省经济振兴，缺乏体制、资金、技术等方面的比较优势，但正如前文所分析的，相比较而言，土地的优势非常大，包括耕地、林地、建设用地和未利用土地。同时，东北三省的土地资源仍是一块沉睡的资源，土地利用中存在一系列的问题亟须通过大力度的市场化改革予以激活。

（一）东北三省农地流转与经营中存在的问题

　　东北三省耕地面积较大，农业劳动力数量较多，土地流转程度在不断加深，规模农业经营程度在不断提高（见专表3－9）。

专表3－9　东北三省与其他地区农业经营状况比较

地区	农业经营户/万户	规模农业经营户/万户	在工商部门注册的农民合作社/万个	农业生产经营人员/万人	耕地面积/千公顷	第一产业增加值/亿元
辽宁省	552.7	12.7	5.6	826.7	4974.5	2173
吉林省	308.55	14.65	7.56	619.09	6993.4	1498.52
黑龙江省	—	5.5	9.1	687.4	15850	2670.5
浙江省	674.1	10.2	6.5	527.8	1974.6	1966
江苏省	1028.04	14.96	9.63	1270.87	4571.15	4078.5
上海市	55.89	0.79	0.35	52.62	190.8	109.47

　　注：（1）第一产业增加值为各省市2016年国民经济和社会发展统计公报；（2）吉林省耕地面积数据来自《中国农业年鉴2017》；（3）其他数据来自各省市的第三次全国农业普查主要数据公报。

尽管东北三省耕地数量和质量均为上乘，但是，相比较而言，东北的农业大而不强，耕地产出效率远低于上海、江苏、浙江等地区。东北三省的劳均耕地面积远大于江苏省、浙江省和上海市，但是平均到每千公顷耕地的产值，却远远小于江苏省、浙江省和上海市（见专表3－10）。

专表3－10 东北三省与其他地区农业经营效率比较

地区	劳均耕地面积/公顷	劳均农业产值/（亿元/万人）	每千公顷耕地产值/亿元
吉林省	1.13	2.42	0.21
辽宁省	0.60	2.63	0.44
黑龙江省	2.31	3.88	0.17
浙江省	0.37	3.72	1.00
江苏省	0.36	3.21	0.89
上海市	0.36	2.08	0.57

注：此表数据系根据专表3－9数据计算得出，其中的"劳"使用的是"农业生产经营人员"数据。

东北三省耕地产出效率相对较低，其主要原因是耕地市场化流转程度仍不够高，就农业而发展农业的传统农业发展模式很不适应现代经济发展的需要。如果有相匹配的土地制度，打通第一、第二、第三产业，农业工业化、园区化，那么农业不仅是"压舱石"，也是经济增长的杠杆和发动机，如江苏太仓高效农业示范区每公顷产值超过千万元，农民年可支配收入超过3万元。

此外，东北三省耕地还存在一定程度上的闲置。中国家庭收入调查（CHIP）数据显示，2002年，辽宁省闲置耕地面积占0.01%；2013年，攀升到0.62%。

（二）建设用地存在低效率利用和闲置问题

东北地区建设用地利用率低且有闲置。有学者研究发现，东北地区大部分地级市的城市工业用地利用效率都是很不高，34 个地级市在 2006—2015 年的工业用地利用效率均值仅为 0.48，有效率的城市数量为零。[①]

官方发布的相关信息或报告也表明，建设用地低效率问题较为严重。例如，2019 年 6 月 10 日吉林省自然资源厅关于吉林省人大代表提出的《关于盘活闲置工业用地为经济发展助力》建议的答复意见中披露，2018 年，全省各地将 745.15 公顷土地纳入城镇低效用地再开发计划，其中 541.69 公顷已进行再开发利用，再开发率达到 72.69%，增收土地出让价款 55.69 亿元。[②] 低效率利用的建设用地中，很大一部分是开发区用地。据自然资源部《关于 2019 年度国家级开发区土地集约利用监测统计情况的通报》监测统计显示，东部地区开发区工业用地固定资产投入强度达到 9659.55 万元/公顷，是东北地区的 1.70 倍；工业用地地均税收达到 828.80 万元/公顷，是东北地区的 1.71 倍；综合地均税收达到 727.41 万元/公顷，是东北地区的 2.20 倍。在东、中、西、东北四个区域中，东北地区开发区土地利用强度最低，工业用地投入持续偏低。东北地区开发区综合容积率、建筑密度、工业用地综合容积率、工业用地建筑系数分别为 0.80、28.06、0.72、48.51，均低于其他区域，土地利用强度明显偏低。综合地均税收处于全国最低水平，为 330.70 万元/公顷。工业用地地均税收为 483.49 万元/公顷。从实际管理范围内土地投入产出情况看，工业用地地均新增固定投资强度不到批准范围内的八成，工业用地地均税收不到七成，土地集约利用水平明显低于批准

---

① 王之禹．东北城市工业用地利用效率时空格局演变及驱动因素研究［D］．东北财经大学，2017．

② 数据来源于吉林省自然资源厅官方网站，网址：http：//zrzy. jl. gov. cn/zwgk/taya/201907/t20190710 _5997168. html。

范围。

除了低效率利用问题，东北三省的建设用地闲置也较为严重。例如，2019 年 7 月 29 日《辽宁省人民政府关于 2018 年度省本级预算执行和其他财政收支的审计工作报告》显示，14 个市批而未供土地 9412.91 公顷，尚未完成处置的闲置土地 2224.68 公顷，主要是各类开发区、新城土地闲置浪费较为严重。2019 年 6 月 10 日，吉林省自然资源厅关于吉林省人大代表提出的《关于盘活闲置工业用地为经济发展助力》建议的答复意见中披露，据《自然资源部 2018 年全国土地供应及供后开发利用监测监管情况通报》，全省处置批而未供土地 6401 公顷，处置闲置土地 782 公顷。① 据黑龙江省自然资源厅 2019 年 11 月 30 日发布的《2019 年 11 月 13 日前产生的闲置土地处置情况统计表》，闲置项目 621 个，闲置面积为 2761.022295 公顷。②

东北三省建设用地闲置问题一度引起中央的关注。2014 年 4 月 10 日，国务院总理李克强在吉林长春主持召开东北三省经济形势座谈会上，批东北三省"去年批给的土地 70% 仍闲置"。③

（三）农村宅基地闲置与流转限制导致的资产僵尸化问题

农村宅基地存在供给不足与大量闲置并存的怪象。正如辽宁省农业部门所说，随着城镇化、工业化的发展，部分农村劳动力

---

① 数据来源于吉林省自然资源厅官方网站，网址：http：//zrzy. jl. gov. cn/zwgk/taya/201907/t20190710 _ 5997168. html。

② 数据来源于黑龙江自然资源厅官方网站，网址：http：//www. hljmdjlr. gov. cn/zwgk/tdgy/xztd/202006/t20200611 _ 301777. htm。

③ 傅旭. 李克强批东北三省：去年批给的土地 70% 仍闲置［N/OL］. 财经网，2015 - 04 - 13. http：//news. hexun. com/2015 - 04 - 13/174907479. html。

开始由农村流向城镇，村庄空心化、农户空巢化、农民老龄化现象越发明显，农村闲置宅基地和闲置农房普遍存在。与此同时，随着农村人口自然繁衍，要求审批宅基地建房的需求不断增加，村集体又无地可批。据统计，辽宁省现有农村宅基地550.3万宗，占地31.42万公顷土地，其中闲置宅基地近16.4万宗、占地1.2万公顷。[①] 但我们认为，这个数据较为保守。就全国而言，农村至少有7000万套闲置房屋，农村居民点空闲和闲置地面积约为200万公顷，一些地区乡村农房空置率超过35%。[②] 据我们前文估计，东北三省的农村宅基地面积为80.33万公顷，按照全国情况推断，其闲置面积约为14.17万公顷至28万公顷，是一笔巨额的沉睡资产。

对于农村宅基地闲置问题，国家积极推进相关制度设计。例如，2015年3月，我国在33个县（市、区）启动开展农村土地征收、集体经营性建设用地入市和宅基地制度改革试点，其中宅基地制度改革试点有15个；2017年11月，宅基地制度改革扩展到全部试点地区；2020年9月，宅基地制度改革试点扩大到104个县（市、区）和3个地级市。其中，农业农村部2019年9月30日发布了《关于积极稳妥开展农村闲置宅基地和闲置住宅盘活利用工作的通知》，专门就闲置宅基地处置进行指导。

但是，目前农村宅基地制度设计存在较大的缺陷，导致大量的农村宅基地近乎成为"僵尸资产"。一方面，由于用途限制，目前农村宅基地的盘活，从产业上看，大部分以依托旅游发展休

---

① 辽宁省农业农村厅进一步推进农村闲置宅基地利用工作 [N/OL]. 辽宁省人民政府网，2020 – 09 – 01. http：//www. agri. cn/V20/ZX/qgxxlb _ 1/ln/202009/t20200901 _ 7502831. htm.

② 林洛频，周娜. 全国人大代表朱立锋：利用数字化技术盘活闲置农房 实施乡村振兴战略 [N/OL]. 人民网 – 湖南频道，2021 – 03 – 08. http：//hn. people. com. cn/n2/2021/0308/c337651 – 34610784. html.

闲农业、乡村旅游等为主，实现第一、第二、第三产业融合发展项目等的比率很小。另一方面，农村宅基地流转空间大多限定在本村范围之内（部分地区扩大在本市范围，但仍局限于农村户籍人员之间交易），无法在较大的区域市场上交易，宅基地变成没有价值或较低价值的"僵尸资产"。例如，一块宅基地在东北农村集体内部交易只值数万元，如果允许跨乡镇甚至在全省或者全国范围内交易，且可以跨越户籍限制，价值将增长到十几万元到上百万元。浙江省义乌市 2019 年 1 月首批 3 个村 79 间宅基地跨村跨镇街配置，安置农户 28 户，总成交价款 3636.61 万元，平均每户价款 129.88 万元。

四、设立东北三省土地改革试验区、促进东北经济振兴的建议

习近平同志在深入推进东北振兴座谈会上明确指出，东北在体制机制、经济结构、对外开放、思想观念方面存在"四大短板"，总书记的讲话切中要害。我们认为，如果在上述方面没有突破，依然按照过去的东北振兴思路，继续依赖常规举措，难以实现东北经济的振兴，东北经济振兴亟须新的突破性的举措。

我们认为，一方面，结合前文的分析可见，东北土地要素是重要的比较优势，仅估算耕地、集体经营性建设用地、农村宅基地、城市建设用地等资产（未计后备土地、林地等）价值，即高达 61.345 万亿元，现有的体制制约着土地要素作用的充分发挥。另一方面，土地要素市场化改革的顶层设计已经非常清晰，亟须落实。《中共中央国务院关于构建更加完善的要素市场化配置体制机制的意见》（2020 年 3 月 30 日）中明确提出，"完善要素市场化配置是建设统一开放、竞争有序市场体系的内在要求，是坚持和完善社会主义基本经济制度、加快完善社会主义市场经济体制的重要内容"。文件中"总体要求"之后，第一部分就是"推进土地要素市场化配置"，使用 600 字左右的长篇幅。《中共中央国务院关于新时代加快完善社会主义市场经济体制的意见》（2020 年 5 月 11 日）中，对完善土地产权制度、土地要素市场化改革等也予以浓墨重彩的描述。

习近平同志几次来东北地区考察，都是把体制机制改革与创

新放到非常重要的位置。制度创新是实施东北乡村振兴的重要突破口。建议在东北设立土地改革试验区，推进深层次的土地改革，以土地要素市场化改革为核心，撬动东北经济的起飞。

（一）东北三省优先试点，将农村土地财产权"做实"

建议让农民拥有土地的占有、使用、收益和处置权，并延长土地使用年限到 100 年甚至 200 年；对农村土地（包括农村的宅地、耕地、林地等）确权发证，对农村集体建设用地（包括宅基地）、农民房屋等进行产权登记，纳入不动产统一登记信息平台。

落实农民土地产权，健全农户相关产权的市场化退出机制和配套政策，允许土地承包权、经营权，宅基地使用权、集体建设用地使用权、农村住宅等可以交易、抵押、作价入股等。此外，《中华人民共和国国民经济和社会发展第十四个五年规划和2035年远景目标纲要》明确提出"探索建立全国性的建设用地、补充耕地指标跨区域交易机制"。除了建设用地、补充耕地指标，我们建议将农村集体经营性建设用地及耕地和农村宅基地（及农村房屋）的流转范围也扩大到全国大市场，流转空间扩展到非农户籍。①

适度放松管制，允许国有建设用地、集体经营性建设用地和

---

① 目前，地方改革试点中，尽管在流转空间上有所突破，如全国首批宅基地改革试点的浏阳市，2015 年出台政策规定，在符合"一户一宅"的原则下，允许宅基地在浏阳市内农村户口的村民间跨村、跨镇流转。但宅基地流转对象仍限于农村户籍人员之中。2021 年 9 月 1 日起施行的《中华人民共和国土地管理法实施条例（修订版）》第三十五条规定："国家允许进城落户的农村村民依法自愿有偿退出宅基地。乡（镇）人民政府和农村集体经济组织、村民委员会等应当将退出的宅基地优先用于保障该农村集体经济组织成员的宅基地需求。"这与地方宅基地改革试点中的一些做法有距离，需要进一步修订法规予以突破。

农村宅基地在符合规划的条件下，居民或单位可以合作建房①或自建房，降低居住成本。研究表明，如果合作建房或者自建房，住房成本将下降一半以上，这对促进东北三省人口增长、更好发挥劳动贡献、提升居民收入水平等将起到积极作用。

（二）将土地改革与东北农业工业化、现代化充分结合起来，真正实现土地要素的市场化配置

建议尽快落实《中共中央国务院关于构建更加完善的要素市场化配置体制机制的意见》（2020 年 3 月 30 日）和《中共中央国务院关于新时代加快完善社会主义市场经济体制的意见》（2020 年 5 月 11 日），通过建立城乡统一土地市场，如由国家发展改革委、农业农村部和自然资源部牵头成立全国统一的土地产权交易平台或机构，实现土地要素的市场化配置，允许东北三省优先探索农村房屋和宅基地交易空间突破现行法律限制的多种方案，促进劳动力、土地、资金（用途管制和规划管理基础上）等要素和人口的城乡之间、农业与工业服务业之间的双向流动，特别是充分吸引城市的资金、人才、技术等要素进入农业，将第一、第二、第三产业重整为一种新型的复合产业体系，推进农民工人化、农业工业化、农村城镇化，提高农业劳动生产率，实现多层级的价值增值，让传统农业现代化，弱农业变成强农业。

---

① 2016 年国务院办公厅印发的《关于支持返乡下乡人员创业促进农村一二三产业融合发展的意见》中提出：在符合农村宅基地管理规定和相关规划的前提下，允许城市居民与农民合作改建自住房，用于发展养老、休闲旅游等产业，建设美丽新农村。2021 年 6 月，河北省滦平县农村产权交易中心颁出全国首张城乡居民合作建房使用权证《合作建房房屋使用权（租赁）鉴证书》。

（三）加快推进未利用土地管理体制改革，推进未利用土地的开发利用

目前，未利用土地开发技术成熟、成本较低，为鼓励未利用土地开发与利用，建议将所开发未利用土地的使用年限延长到 99 年甚至 200 年，以稳定土地开发者和使用者的预期。为了吸引东北外流人口的回流，将一定面积的新改造土地免费分给那些在外地就读、回归东北三省工作的大学毕业生。同时，鼓励东北三省以外的人员到东北三省购买土地进行创业，如投资建厂、设立新业态产业园区、投资建设旅游渡假区、修建养老社区等。

在改造未利用土地的同时，综合考虑和开展区域内或者跨区域的调水工程，实现调水与改土的配合，不仅可以通过投资拉动经济增长，还可以通过土地的综合改造加以开发利用，如改造出来的连片成规模土地可以一部分用于农业用地（由此形成的指标可以作为占补平衡指标跨省交易）、一部分用于建设用地，有助于形成新的经济增长片区。

（四）充分发挥东北三省的土地优势，推行"飞地经济"，引入发达地区的园区及其经验，带动东北三省经济发展

东北三省土地闲置和低效率利用的数量较多，而东部、南部土地可利用空间有限。建议将东北三省的土地改革与园区产业结合，按照《东北地区与东部地区部分省市对口合作工作方案》的原则和要求，尽快出台相关办法，支持东北三省以土地入股，与东部地区合作发展"飞地经济"，为对口合作方的技

术、人才有效发挥开创空间，实现优势互补，这也有利于补充和完善东北产业链条向两头延伸。同时，建立探索跨地区利益分享机制，增强发达地区的积极性，以更好地带动东北三省经济发展。

本专题参考文献

［1］蔡昉 . 中国经济增长如何转向全要素生产率驱动型［J］. 中国社会科学，2013（1）.

［2］陈普，万科 . 中国分省资本存量算法的改进及 R 包应用［J］. 统计与决策，2021（9）.

［3］单豪杰 . 中国资本存量 K 的再估算：1952—2006 年［J］. 数量经济技术经济研究，2008（10）.

［4］丁丽美 . 我国土地出让与经济增长关系研究［D］. 首都经济贸易大学硕士毕业论文，2018.

［5］杜官印，蔡运龙，廖蓉 . 中国 1997—2007 年包含建设用地投入的全要素生产率分析［J］. 中国土地科学，2010（7）.

［6］丰雷，魏丽，蒋妍 . 论土地要素对中国经济增长的贡献［J］. 中国土地科学，2008（12）.

［7］付明辉，祁春节 . 要素禀赋、技术进步偏向与农业全要素生产率增长——基于 28 个国家的比较分析［J］. 中国农村经济，2016（12）.

［8］姜海，夏燕榕，曲福田 . 建设用地扩张对经济增长的贡献及其区域差异研究［J］. 中国土地科学，2009（8）.

［9］李磊，张换兆，朱彤 . 土地及其价格波动对经济增长的影响——以日本为例［J］. 财贸经济，2008（12）.

［10］刘丹，巩前文 . 中国农村宅基地面积测算及其分布特征［J］. 世界农业，2021（6）.

［11］刘洪玉，姜沛言 . 中国土地市场供给的价格弹性及其影响因素［J］. 清华大学学报（自然科学版），2015（1）.

［12］刘娜 . 基于投入产出分析的土地综合整治对国民经济贡献研究［D］. 北京建筑大学硕士毕业论文，2018.

［13］刘正山. 土地利用管理的战略性选择［J］. 中国地产市场，2011（4）.

［14］刘正山. 房地产投资分析（第4版）［M］. 大连：东北财经大学出版社，2015.

［15］刘正山. 东北振兴，土地制度的深化改革至关重要［OL］. 新浪财经，2020－10－15. https：//finance. sina. com. cn/zl/china/2020－10－15/zl－iiznctkc5746140. shtml.

［16］刘正山. 设立土地改革试验区思考［J］. 中国金融，2020（12）.

［17］刘正山. 设立土地改革试验区振兴东北经济的思考与建议［OL］. 中国经济网，2020－08－07. https：//baijiahao. baidu. com/s? id＝1674338451344466960.

［18］刘正山. 土地要素对GDP贡献的新分析［J］. 市长参考，2021（1）.

［19］彭俊，陈方正. 论城市土地资产的增值机制［J］. 同济大学学报（社会科学版），2003（5）.

［20］舒尔茨. 制度与人的经济价值的不断提高［M］//财产权利与制度变迁. 上海：上海三联书店、上海人民出版社，1994.

［21］谭术魁，饶映雪，朱祥波. 土地投入对中国经济增长的影响［J］. 中国人口资源与环境，2012（9）.

［22］王建康，谷国锋. 土地要素对中国城市经济增长的贡献分析［J］. 中国人口资源与环境，2015（8）.

［23］萧政，沈艳. 外国直接投资与经济增长的关系及影响［J］. 经济理论与经济管理，2002（1）.

［24］胥会云. 上海围海造地面积13个澳门 每亩成本升几十万［N］. 第一财经日报，2012－11－21.

［25］许宪春. 统筹推进"五位一体"总体布局 实施国民经济核算新标准［J］. 国家行政学院学报，2017（5）.

［26］杨雪锋，史晋川. 地根经济视角下土地政策反周期调节的机理分析［J］. 经济理论与经济管理，2010（5）.

［27］叶剑平，马长发，张庆红. 土地要素对中国经济增长贡献分析——基于空间面板模型［J］. 财贸经济，2011（4）.

［28］叶开. 农地入市亩均百万，中央要对这项改革督察了［N］. 第一财经日报，2017－06－11.

［29］于国瑛，黄灼.试论特殊固定资产土地折旧的提取［J］.农场经济管理，1998（3）.

［30］张军，章元.对中国资本存量 K 的再估计［J］.经济研究，2003（7）.

［31］张良悦，刘东，刘伟.土地贴现、资本深化与经济增长——基于省级面板数据的分析［J］.财经科学，2013（3）.

［32］张蕊，朱道林，伦飞，张立新.土地资产对社会经济发展贡献分析——全国 7 个省（自治区、直辖市）的实证研究［J］.中国国土资源经济，2018（9）.

［33］镇洋，李俐.我国土地评估中存在的问题及对策分析［J］.住宅与房地产，2019（10）.

［34］周天勇.诠释经济下行：人口与发展经济学的一些新进展［J］.财经问题研究，2016（10）.

［35］周天勇.深化土地体制改革与理顺经济运行［J］.学术月刊，2020（2）.

［36］朱道林，杜挺.中国耕地资源资产核算方法与结果分析［J］.中国土地科学，2017（10）.

［37］Arrow K J, Chenery H B, Minhas B S, Solow R M. Capital – labor Substitution and Economic Efficiency［J］. The Review of Economics and Statistics, 1961（3）: 225 – 250.

［38］Barbier E B, Hochard J P. Land Degradation and Poverty［J］. Nature Sustainability, 2018（11）: 623 – 631.

［39］Chow G C. Capital Formation an Economic Growth in China［J］. The Quarterly Journal of Economics, 1993（3）: 809 – 842.

［40］Cobb C W, Douglas P H. A Theory of Production［M］. The American Economic Review, 1928（1）: 139 – 165.

［41］Cole H S D. Thinking about the Future: A Critique of the Limits to Growth, Chatto & Windus, 1973.

［42］Harrod R F. Towards a Dynamic Economics: Some Recent Developments of Economic Theory and Their Application to Policy［M］. MacMillan and Company, 1948.

［43］Kenen P B. Nature, Capital, and Trade［J］. Journal of Political Economy, 1965（5）: 437 – 460.

［44］Lecomber R. Economic Growth versus the Environment ［M］. Macmillan International Higher Education, 1975.

［45］Loupias C, Wigniolle B. Technological Changes and Population Growth: the Role of Land in England ［J］. Economic Modelling, 2019, 79: 198 – 210.

［46］Lucas R. Making a Miracle ［J］. Econometrica, 1993 (61): 251 – 272.

［47］Martin W, Mitra D. Productivity Growth and Convergence in Agriculture versus Manufacturing ［J］. Economic Development and Cultural Change, 2001 (2): 403 – 422.

［48］Masini, E., Tomao, A., Barbati, A., et al. Urban Growth, Land – use Efficiency and Local Socioeconomic Context: A Comparative Analysis of 417 Metropolitan Regions in Europe ［J］. Environmental Management, 2019, 63: 322 – 337.

［49］Polanyi K. The Great Transformation ［M］. Beacon Press, 1944.

［50］Romer P. Increasing Returns and Long – run Growth ［J］. Journal of Political Economy, 1996 (5): 1002 – 1037.

［51］Scitovsky T. Welfare and Competition ［M］. Irwin Press, 1971.

［52］Solow R M. A Contribution to the Theory of Economic Growth ［J］. The Quarterly Journal of Economics, 1956 (1): 65 – 94.

［53］Zhang C, Miao C, Zhang W, et al.. Spatiotemporal Patterns of Urban Sprawl and Its Relationship with Economic Development in China During 1990 – 2010 ［J］. Habitat International, 2018, 79: 51 – 60.

［54］Zhao C, Wu Y, Ye X, et al.. The Direct and Indirect Drag Effects of Land and Energy on Urban Economic Growth in the Yangtze River Delta, China ［J］. Environment, Development and Sustainability, 2019 (6): 2945 – 2962.